El poder de hablarte en forma positiva

Cómo detener los pensamientos negativos, dominar las emociones y vivir tu vida de la mejor manera

LETICIA CABALLERO

Copyright 2021 © Leticia Caballero

Todos los derechos reservados.

Nota legal

El siguiente documento se reproduce a continuación con el objetivo de proporcionar información lo más precisa y confiable posible.

Esta declaración se considera justa y válida tanto por el Colegio de Abogados de los Estados Unidos como por el Comité de la Asociación de Editores y es legalmente vinculante en todo Estados Unidos.

Además, la transmisión, duplicación o reproducción de cualquier parte del siguiente trabajo, incluida la información específica, se considerará un acto ilegal, independientemente de si se realiza de forma electrónica o impresa. Esto se extiende a la creación de una copia secundaria o terciaria del trabajo o una copia grabada y solo se permite con un consentimiento expreso por escrito del editor. Todos los derechos reservados.

La información en las siguientes páginas se considera en general como una descripción veraz y precisa de los hechos y, como tal, cualquier falta de atención, uso o mal uso de los datos en cuestión por parte del lector, hará que las acciones resultantes sean únicamente de su competencia. No hay escenarios en los que el editor o el autor original de este trabajo puedan ser considerados responsables de cualquier dificultad o daño que pueda ocurrirle al lector tras analizar la información aquí descrita.

Además, la información en las siguientes páginas está destinada únicamente a fines informativos y, por lo tanto, debe considerarse como universal. Como corresponde a su naturaleza, la información presentada no garantiza su validez ni su calidad provisional. Las menciones a marcas comerciales se realizan sin consentimiento por escrito y de ninguna manera puede considerarse que hay un respaldo del titular de la marca comercial.

Índice

Introducción

La cotidianidad y la rutina son, a la vez, instrumentos de evolución y de estancamiento. Sirven para programar hábitos sociales que son los que han creado el mundo que conocemos, pero también nos limitan a la hora de tener interacciones novedosas o descubrimientos interesantes en nuestra vida diaria. La cotidianidad y la rutina también nos estancan con patrones de pensamiento repetitivo que, a la larga, van tomando un sentido puramente negativo, en el que encontramos quejas, críticas e inacción.

Pero hay formas de escapar de esta trampa que nos ha puesto la vida, y en este libro encontrarás que no es tan difícil como parece. Puede ser un poco tardado o complejo, pero la dificultad mayor consiste en no desistir, en seguir adelante y cambiar esos patrones de pensamiento que nos hunden, en pensamientos que nos motiven y nos hagan continuar.

Este libro está ordenado de tal manera que conozcas a los partícipes de este problema en los primeros capítulos, que en este caso serían las voces internas que en todo momento están dialogando, y tu cerebro, que es quien cree que tiene derecho a decidir lo que es mejor para ti, pero siguiendo programaciones arcaicas que no siempre nos funcionan. El último participante eres tú, amigo que ahora lee estas palabras, ya que eres quien tiene la oportunidad de cambiar de página y lograr vivir tu vida de la mejor manera.

El problema del que quieres deshacerte es claro, si estás aquí es porque te has rodeado de una negatividad que se ha colado hasta tus propios pensamientos. Respira, a todos nos sucede de vez en cuando y para todo hay solución. En el contenido del presente libro encontrarás diversos métodos y apoyos para dar la vuelta a la página e iniciar de nuevo, pero sin la carga de esa negatividad que está presente en tu vida. Además, presenta también diversas maneras de enfocar el diálogo interno para que se llene de buenos deseos y palabras positivas y propositivas.

En este mundo siempre cambiante y que parece tener prisa a cada segundo, son pocas las personas que se han dado cuenta de que el equilibrio emocional de la población cada vez se cae más por la pendiente, además de que ha aumentado la prescripción de ciertas medicinas controladas que tienen dudosos resultados y una larga lista de efectos secundarios. Sin embargo, alguien tiene que detenerse y observar cómo el tomar un momento de paz o de silencio puede hacer maravillas en la psique humana.

Todos estamos en peligro de caer en estos problemas, el mundo tiene una enfermedad que le aqueja y es la falta de introspección y autoreconocimiento de cada uno de sus integrantes. La vida no es fácil y está llena de retos y problemáticas diversas para las cuales necesitamos encontrar una o más soluciones.

Este libro no te ofrece soluciones sencillas ni recetas que prometen que todo mejorará como por arte de magia, pero sí te ofrece un acompañamiento para que, mediante diversas acciones diarias, aprendas y aprehendas la información que puede cambiar tu vida y llevarla por el camino que tú decidas.

Hablando del poder de decidir, en estas páginas encontrarás una descripción muy interesante del proceso que seguimos para tomar tal o cual decisión, se trata de un proceso que se realiza casi a cada instante, en donde el cerebro decide si debes pisar con el pie derecho o el izquierdo, o si debes respirar o dejar de hacerlo. La mayoría de estas decisiones se toman inconscientemente, pero son aquellas que logras hacer conscientes las que te guiarán hacia el camino deseado.

No esperes a que la corriente te lleve, mejora tu vida y aprende a controlar tus respuestas emocionales y a alejar la negatividad desde este momento. En cuanto observes todas las consecuencias desagradables que trae el dejar correr los pensamientos que provienen desde las bajas pasiones y las emociones negativas, y al darte cuenta de cómo se beneficiará tu vida, tu salud física y tu mente al deshacerte de ellos, entenderás lo impresionante que es el poder de hablarte en forma positiva.

Objetivos que este libro te ayudará a cumplir

1. Reconocer la importancia de mantener un diálogo interno positivo

2. Controlar y enfocar tu tren de pensamiento

3. Entender por qué nuestro cerebro debe ser educado

4. Sanar física y mentalmente al alejarte de la negatividad

5. Volverte consciente de tus interacciones mentales

6. Ser más honesto en tu vida

7.   Vivir de la mejor manera, según tus estándares y con tu propio método

Capítulo uno:
¿Qué es el diálogo interno y por qué es importante?

Una conversación es un diálogo, no un monólogo. Por eso hay tan pocas buenas conversaciones...

Truman Capote.

Últimamente se ha hablado, sobre todo en redes sociales, de que muchas personas no tienen un diálogo interno, pero eso no es del todo cierto.

Primero déjame contarte de qué estoy hablando. ¿Alguna vez te has encontrado teniendo una discusión en tu cabeza sobre algún asunto importante? Una voz le dice a la otra qué debe o debería haber hecho. Si no eres un habitante de otro mundo, lo haces a cada momento del día, a veces sin siquiera darte cuenta. Siempre estamos hablando con nosotros mismos y, si eres del tipo callado o tímido, lo haces aún más que los demás. Nuestros pensamientos pasan por nuestra mente todo el tiempo, pero son las discusiones internas en las que podemos tener injerencia de una forma más directa y práctica.

Respecto a quienes afirman que no tienen un diálogo interno, esto ocurre porque le damos al término "diálogo" una relación directa con las palabras, y no está mal, viene dentro de su definición, pero no es todo. Creemos que solo hablando podemos "dialogar" y, aunque esta relación tiene algo de cierto, un diálogo es una forma de comunicación, es decir, de intercambiar ideas. La gente que cree que no tiene un "diálogo interno" lo hace porque el intercambio se da con ideas abstractas o imágenes, y no propiamente con palabras. Así como un pintor transmite sus ideas con una imagen, una persona más visual puede tener las respuestas a sus dudas o preocupaciones por un medio que sea igualmente de índole visual.

Hasta donde se sabe, todos tenemos esta comunicación con nosotros mismos en todo momento.

El diálogo interno nos ayuda sobremanera a tomar las decisiones de nuestra vida, desde ese momento crucial en el que vas o no a invertir en el "negocio de tu vida", hasta el breve momento en que te recuerdas a ti mismo que ya casi se te acaba la leche y tienes que comprar más.

Diálogo interno y toma de decisiones

Hay momentos en que el diálogo interno es directo, otros en los que preferimos darle mil vueltas a una pregunta durante mucho tiempo, y otros más en los que entramos en conflicto o negación. El diálogo nos ha ayudado durante milenios a comprender a las demás personas; el diálogo interno, en cambio, nos ha ayudado a comprendernos a nosotros mismos y al por qué de nuestra interacción con los otros.

Como ya se ha mencionado, la forma más común de manifestar el pensamiento son estos diálogos.

Algunos consideran el término "monólogo interno", ya que eres tú platicando contigo; pero hay que tener en cuenta que el diálogo interno conjunta dos voces mentales que interactúan y que pueden, o no, sonar igual; me refiero a dos voces que intercambian ideas o preguntas, respuestas y reflexiones.

Es gracias a dicho intercambio de ideas o argumentos que este mecanismo, el diálogo interno, nos sirve para analizar una situación, momento o problema, con lo que podemos ganar confianza, tranquilidad o, en ciertos casos, sentir la presión de lo que podría ser una advertencia ante una situación que la merezca.

Hasta donde la ciencia ha logrado acceder, se sabe que el proceso de la toma de decisiones tiene su núcleo en la corteza prefrontal de nuestro cerebro, donde se manejan los datos obtenidos, además del hipocampo, parte del sistema límbico que ayuda con la formación de nuevos recuerdos y, por tanto, es imprescindible para conocer todas las caras de una situación y ser capaces de decidir sobre ella.

Ya que nos empapamos de la jerga científica sobre el dónde, lo que nos importa a muchos es el cómo, algo sobre lo que aún se está trabajando. Sin embargo, podemos intentar resolver la pregunta desde diferentes ángulos, tal y como haríamos al tomar una decisión. Ahora, ¿somos capaces de decidir libremente, o estamos atados a la capacidad de nuestro cerebro? Estas preguntas son las mismas cuestiones antiguas con las que debatían los hombres, la eterna división entre el destino y el libre albedrío que nadie ha terminado de entender y mucho menos ha respondido.

Sea como fuere, la toma de decisiones se trata de la elección de un modo específico de resolver un problema. Si se quiere ver así, nuestro cerebro nos da diversos puntos de vista, opciones, y nos permite elegir uno de ellos. Claro que, para elecciones no tan sencillas, la solución podría requerir de más de una opción. De forma gráfica y ordenada, sería algo así:

1.   Un problema o suceso aparece.

2.   Procesamiento de datos en la corteza prefrontal.

3.   Generación de alternativas en el hipocampo.

4.   Obtención de las opciones o de los diferentes caminos a seguir.

5.   Decisión, ya sea mediante los diferentes procesos cerebrales o mediante la llamada "voluntad".

Las diferentes formas de tomar decisiones llevan en todo momento inmerso al diálogo interno, sobre todo en los pasos tercero, cuarto y quinto, que tienen que ver más con el tipo de persona que toma dicha decisión. Estas formas de decidir son las siguientes:

●Decisión directiva: la toman personas con un pensamiento sumamente lógico y pretenden resolver algo a corto plazo, además, se dan pocas opciones para que la elección se haga con rapidez.

• Decisión analítica: son personas que necesitan más tiempo e información para elegir, pese a que el pensamiento sigue siendo lógico, pero gracias a que toman en cuenta más opciones, se adaptan mejor a situaciones difíciles.

• Decisión conceptual: la toman personas con un modo de pensar más intuitivo, que pueden tomar largos plazos para analizar la información y todas las respuestas posibles, por lo que suelen ser muy creativos con sus soluciones.

• Decisión conductual: el tipo de persona que toma una decisión de este tipo suele ser muy intuitiva, pero acercándose más a una forma de pensar lógica, por lo que en su proceso de decisión suele aceptar puntos de vista de otros, gracias a lo cual, casi siempre, logra llegar a su decisión final.

Estas cuatro conocidas formas, también llamadas "estilos de decisión", pueden ser independientes o interdependientes, pero todas tienen inmerso al diálogo interno, pues ese es el mecanismo con el que analizamos todas las opciones que se nos presentan, preguntándonos por los pros y los contras de cada una de ellas, es decir, dialogando con nosotros mismos y contraponiendo razones y puntos de vista.

Como se dijo en un principio, las formas en que auto interactuamos para llegar a estas decisiones son muy distintas, ya que pueden ser visuales, abstractas o textuales.

Tipos de diálogo interno

Existen diversas formas de clasificar los tipos de diálogo interno que podemos experimentar a lo largo de nuestra vida. A continuación veremos un par. La primera clasificación está hecha en torno a la perspectiva desde la cual se desarrolla el diálogo interno, mientras que la segunda toma en cuenta las consecuencias negativas a las que puede llevar dicho diálogo. Para empezar tenemos:

- Primera persona.

Cuando pensamos cosas como: "Tengo hambre", "Puedo correr a la escuela" o "¿Seré capaz de romper mi récord de asistencias?", estamos usando la primera persona, es decir, hablando directamente. Esta es la forma más común de diálogo interno y la que solemos utilizar cuando nos hablamos sin ser conscientes de nuestros pensamientos.

- Segunda persona.

Cuando hablas en segunda persona sueles pensar como si fueras un narrador, vas contando lo que haces o piensas. Por ejemplo: "No sé para qué preguntas por qué si ya lo sabes", o "Lo piensas demasiado, pero no llegas a ninguna solución", o incluso "Todos te piden que te esfuerces, pero ellos no lo hacen". Las personas que logran hacer esta distinción y separarse un poco de la charla, obtienen diferentes perspectivas y pueden conseguir conclusiones bastante creativas.

• Imágenes o pensamiento abstracto.

En este caso hay que hacer dos distinciones: las personas que nunca usan palabras y las personas que se cuestionan con palabras, pero se responden con una sensación o una imagen. Pese a que el diálogo no sea concordante, la transmisión de ideas funciona de la misma manera.

En cuanto a la segunda clasificación, tenemos:

Autoexigente: como su nombre lo dice, al ser muy severo contigo mismo te provocas estrés y cansancio, y esto sucede cuando la persona es intolerante o perfeccionista con una situación provocada por ella misma.

Autocrítico: estos diálogos se enfocan en los rasgos negativos de la persona, por lo que la tristeza, los pensamientos oscuros y hasta la depresión, entran en juego.

Catastrófico: cuando el diálogo lleva a la ansiedad es porque se está hablando sobre un desastre, ya sea supuesto o inminente.

Desesperanzado o victimista: este tipo de diálogo lleva a un sentimiento de desesperanza, y es cuando, para todas las cuestiones que se plantean, aparecen uno o varios obstáculos. Este diálogo aúna también el sentimiento de incomprensión de parte de los otros o hacia ellos.

Exitoso: cuando el diálogo lleva a la resolución o conclusión de un problema o situación, por banal o crucial que sea. Suele ocurrir en muchas ocasiones durante el día y, cuando pasa de forma inconsciente, no nos provoca emociones fuertes, pero, cuando ocurre de forma consciente, suele aportar sentimientos y sensaciones positivas.

¿Por qué hablamos tanto del diálogo interno?

Esta pregunta es importante porque, si lo hacemos de forma inconsciente y nos funciona relativamente bien, ¿para qué necesitamos prestarle tanta atención? Hay dos respuestas, una sencilla y otra compleja.

La respuesta sencilla sería que hay que prestarle atención para perfeccionarlo, pues todo es perfectible. La respuesta compleja requiere algo más de bla, bla, bla para explicarse.

Imagina que estás en un debate contigo mismo. El tema a tratar gira alrededor de un problema que te has encontrado recientemente en la cotidianidad. Imagina también que, ya que no tienes una postura personal al respecto que quieras defender, tu otro yo simplemente repetirá opiniones y argumentos que hayas escuchado de otras personas o leído en algún lado. Visto así, ese otro yo será la encarnación de la presión social y de la voz de la mayoría. Ahora bien, si nunca has participado en un debate antes o practicado con tus habilidades de argumentación, será lógico que no seas capaz de responder a tu otro yo y que termines aceptando lo que dice sin mucha resistencia.

Sin embargo, si haces de esto un hábito y vas desarrollando poco a poco tus habilidades de argumentación, diálogo y comprensión, así como trabajar fomentando la confianza en ti mismo, la situación en la que te verás inmerso será muy diferente. En este supuesto, tendrás la capacidad de responder hábilmente a los comentarios de tu otro yo, de sopesar cuidadosamente los pros y los contras de las diferentes soluciones que te ofrezca. En suma, podrás anteponer a cualquier idea o aseveración de tu otro yo su respectivo opuesto, y el enfrentamiento entre ambos derivará en una idea más evolucionada, más completa o refinada que las dos anteriores. Este proceso se llama dialéctica, y nos puede llevar a un nivel de pensamiento más elevado y a la mejoría constante de nuestras habilidades de análisis y razonamiento, y, por lo tanto, a una mejoría de nuestra capacidad para tomar decisiones acertadas.

Puede parecer una analogía algo extraña, lo admito, pero sirve bien para ilustrar el punto que quiero exponer aquí: la capacidad de llevar a cabo un diálogo interno productivo y positivo es una habilidad y, como cualquier otra habilidad, mejorará en la medida en que la utilices y practiques con ella. Y en tanto esta habilidad esté desarrollada, te permitirá no solo llevar a cabo un proceso de toma de decisiones más preciso y acertado, sino que te traerá muchos otros beneficios, de los cuales se hablará más adelante.

Uno de estos beneficios seguramente ya puedes intuirlo después de lo que se planteó en el apartado anterior. Como pudiste darte cuenta, existen diversas consecuencias de tener un diálogo interno pobre, deficiente o muy negativo, algunas de estas consecuencias nos llevan a conceptos tan simpáticos como el estrés, el cansancio, la preocupación y la ansiedad, los cuales aparecerán en subsiguientes capítulos. Al mejorar nuestras habilidades de diálogo interno, nos volveremos más conscientes de lo que ocurre durante el mismo, incluyendo, por supuesto, la posibilidad de comprender los vicios que causan toda la negatividad. Si bien el mero conocimiento de que existe un problema no es suficiente para solucionarlo, lo cierto es que no se puede empezar a buscar la solución si no se reconoce el problema, y eso es un hecho.

Capítulo dos:

Tu cerebro y tú, una relación complicada

Todo lo que hacemos, cada pensamiento que hemos tenido, es producido por el cerebro humano. Pero exactamente cómo funciona sigue siendo uno de los mayores misterios sin resolver y parece que, cuanto más investigamos sus secretos, más sorpresas nos encontramos.

Neil deGrasse Tyson.

Antes de entrar en materia, hay cosas que debes tomar en cuenta y que, sin duda, te ayudarán en la búsqueda del control, no sólo de tu diálogo interno, sino de tu mundo.

Lo primero que debes saber es que tu cerebro es tu amigo. Trabaja sin descanso, de sol a sol, para que tú sobrevivas en el mundo. Dicho eso, es cierto que hay algunas cosas que debemos tener en cuenta para hackear a nuestro amigo y vivir la vida de la mejor manera que podamos. Simplemente digamos que estamos programados de cierta manera y necesitamos reprogramarnos para sacar ventaja de nuestro equipo.

Decisiones inconscientes

Déjame empezar hablándote de una de las partes más antiguas de nuestro cerebro, una que no ha evolucionado en muchos, muchos años, y que maneja nuestros llamados "instintos animales", los más básicos, aquellos que buscan que sobrevivas y te llevan a comer, beber y estar alerta para resolver cada pequeño problema. Se llama cerebro triúnico a la forma teórica en que se divide el cerebro y que se propuso en los años 60, según esta teoría, las partes que existen son: el sistema límbico, el neocórtex y el cerebro reptil.

No planeo molestarte con muchas palabras técnicas, lo explicaré de una manera en la que podamos entenderlo. Se suele decir que el "cerebro reptil" es donde residen nuestras decisiones inconscientes, aunque ahora se sabe que este proceso no pertenece al tronco encefálico ni al cerebelo (partes integrantes del "cerebro reptil"), sino que se extiende por la enorme red de los procesos de toma de decisiones que ya se dieron a conocer en el capítulo anterior. Como cualquier teoría científica, después del año 2000 se dejó de tener en cuenta gracias a la gran cantidad de estudios que la refutaban.

Ahora, ¿qué pasa con esa toma de decisiones inconsciente que solo busca nuestra supervivencia? Veamos un ejemplo que se utiliza mucho cuando se expone este asunto:

Un hombre se encuentra encerrado desde hace mucho tiempo y tiene sed, muchísima sed. En la habitación no hay nada excepto un gran jarrón con un líquido que claramente es venenoso. Tu parte consciente te dice que no te acerques a él, lo hablaste muchas veces contigo mismo, en voz alta y con tu voz mental. Sin embargo, esa parte que quiere salvarte a toda costa tarde o temprano tomará el control; en ese momento, la decisión será resolver el problema inminente y después pensar en el problema que sigue. Es decir, inconscientemente tomarás la decisión que te quite la sed al beber el veneno. Ya después te preocuparás por las consecuencias.

Como en la mayoría de ejemplos, este es totalmente extremo, puesto que colocamos al protagonista en una situación que llevaba a la muerte por envenenamiento o por deshidratación (o inanición, fue un ejemplo bastante cruel), sin embargo, nos muestra perfectamente cómo funciona esta toma de decisiones inconsciente. Nuestro cerebro nos ama y lo que siempre intentará es seguir en funcionamiento, sin importar lo que ocurra. No es un problema en nuestro mundo actual, o al menos no debería serlo siempre y cuando no quedemos atrapados en una película de *Saw*, pero hay que intentar llevar las decisiones de nuestro diálogo interno al lado consciente, de este modo tendrás un rumbo ya marcado antes de que el estrés del problema llegue a tanto que actúes simplemente por sobrevivir.

Sueño o realidad

Nuestro cerebro no distingue lo real de lo imaginario. Seguramente has escuchado estas palabras más de lo que te gustaría, pero es por una razón a la vez molesta y sencilla: es cierto. Veamos un ejemplo al respecto.

Una mujer sufre una contusión y tiene un largo sueño que dura toda una vida, en donde, literalmente, ella vive su infancia, su adolescencia y juventud y, finalmente, su adultez. Un par de días después, al despertar en una cama de hospital, se ve rodeada de familiares y amigos que le cuesta reconocer, que no eran tan cercanos o simplemente no existían en la vida que recuerda, de la que acaba de despertar. Incluso después de recordar la "realidad", la mujer tendrá una sensación de extrañeza, de alejamiento, que puede durar poco tiempo o toda su vida.

El cerebro no juega con nosotros, no entiende de sutilezas ni es sarcástico, simplemente toma todo como un hecho y después tarda en salir del agujero que él mismo cava tras un largo sueño. Claro que el ejemplo de la mujer es extremo por el fuerte golpe en la cabeza que mencionamos, sin embargo, a todos nos ha pasado que, al despertar, nos sentimos brevemente confundidos y sin estar seguros de cuál es el sueño y cuál es la realidad. Eso sin contar con aquellos sueños en los que despertamos varias veces y que hacen la duda más duradera.

Aquí va la trampa en este argumento: cuando despertamos, el cerebro reconoce que lo que soñamos fue un sueño y que ahora estamos en la realidad, esto ocurre porque, como se dijo, el cerebro reconoce los hechos. Aun así, el proceso mediante el cual se desata la respuesta a los estímulos, aunque sean imaginarios, no puede detenerse tan fácilmente, por ello es que, cuando sueñas que estás corriendo, sueles despertar jadeante, aunque sea solo un momento, el momento que le toma a tu cerebro reconocer la realidad del sueño. Incluso cuando tu cerebro ha despertado a la consciencia completamente, muchas veces sueles sentir la prueba de la carrera que soñaste en los rápidos latidos de tu corazón.

Hay quienes dicen que aprendemos en nuestros sueños y podemos resolver problemas, lo cual es totalmente comprensible si entendemos que el cerebro está respondiendo de la misma manera que en cualquier vivencia consciente. Claro, hay mecanismos, precauciones que toma nuestro organismo para evitar que durante el sueño nos paremos y hagamos locuras. Cuando hay problemas con estos mecanismos de prevención, surgen condiciones como el sonambulismo, pero en su estado ideal, el sueño transcurre con muy poca movilidad.

Imaginación o realidad

Nuestro amigo cerebro no juega, se da cuenta de ciertas acciones y reacciona en consecuencia, sin embargo, ¿podemos mediar entre este procesamiento de datos y la búsqueda de soluciones? La respuesta es positiva. Si ya hemos comprendido que el cerebro no distingue lo real de lo imaginario, entonces también entenderemos el poder que nos ofrece una activa imaginación.

Ciertamente hay personas que tienen unos procesos mentales únicos, lo que significa que algunos no tienen gran imaginación, al menos no como la conocemos, o no reaccionan de la misma manera que el grueso de la población, y aun así, su cerebro tendrá el mismo modo de actuar, al igual que su estímulo de respuesta, aunque ahí es donde cambia el asunto, pues su respuesta es la que será diferente, aunque el proceso sea igual o equivalente.

Déjame explicarlo, el cerebro sigue reconociendo los hechos tanto si son sueños inconscientes como si conscientemente creamos escenarios en nuestra imaginación. Estas características las suelen comentar los *coaches* en sus sesiones, el hecho de "visualizarte para prepararte" es simplemente imaginarte realizando algo para practicar, así sabrás cuáles son tus reacciones y podrás ir dominándolas hasta que la respuesta a la acción dada sea la que requieres.

Por ejemplo, hay un hombre que debe de participar en una rueda de prensa. No tiene escapatoria y quiere que se lo trague la tierra porque es muy tímido. La idea de las cámaras frente a él y los periodistas con sus preguntas incisivas lo tienen muy mal anímicamente y, eventualmente, se enferma y afronta un fuerte dolor de estómago, quizá gastritis o colitis por los nervios. Finalmente, cuando llega el momento de la rueda de prensa, tartamudea, se muestra nervioso y no responde las preguntas, por lo que todos los medios escriben negativamente sobre él y, con ello, la opinión pública se pone en su contra.

Pobre hombre, pero pensemos qué pasaría si él utiliza esta habilidad de su cerebro. Empieza por rodearse de gente que le dé ánimo, porque es necesario subir la confianza ya sea con cariño de tus seres queridos, con mensajes positivos o con "buena vibra", como quieras decirlo. Mientras tanto, el hombre se repite a sí mismo que es bueno hablando. No importa si no lo es, utiliza una oración positiva para elevar el ánimo.

Aún más, mientras se repite palabras de aliento, el hombre puede imaginarse de pie frente a todas esas personas. Puede pararse frente al espejo, cerrar los ojos y practicar una y otra vez, hasta que logre decir todo lo que quiere. Quizá vea algunos videos de entrevistas y luego se imagine respondiendo de gran manera. Si lo repite bastante, tal vez no se convierta en un gran orador, porque las habilidades requieren ensayo en el "mundo real", pero sí habrá adquirido confianza y, al aparecer frente a la prensa, no dará una imagen tan pobre como en el primer caso. El hombre habrá aprendido en su imaginación, ya que la mente no distingue más que los hechos. El factor del ensayo "real" es porque hablar requiere el uso de músculos y cuerdas vocales, así que si el protagonista de nuestro ejemplo se da el tiempo para practicar en voz alta frente al espejo, la habilidad podría perfeccionarse con el tiempo suficiente.

Al final, todo empieza y termina en la mente.

Condicionamiento físico

El cerebro tiene una característica muy interesante y es que, sin el manejo correcto, se puede descarrilar muy fácilmente. Me refiero a que el cerebro se acostumbra de manera sorprendentemente sencilla a ciertas cosas, sobre todo a las que dan una sensación inmediata de "felicidad" o "éxito".

Secretamente (aunque solo porque no nos damos cuenta) vamos condicionando a nuestro cerebro desde que nacemos, o mejor dicho, el cerebro se condiciona a sí mismo. Cuando sentimos una alegría explosiva nos reímos, es algo que hacemos desde nuestro nacimiento, por lo que empieza a volverse una acción repetitiva siempre que el cerebro segrega cierta cantidad de químicos. El cerebro nos muestra cómo accionar de forma inconsciente.

Pero, cuando trasladamos el asunto al lado consciente, nos damos cuenta de que el mismo mecanismo funciona en ambas direcciones. El cerebro ha realizado tanto la misma acción, que el realizar esa acción conscientemente nos puede llevar a segregar los químicos correctos que nos proporcionen la emoción que queremos. Siguiendo la idea del ejemplo, si nosotros forzamos una sonrisa, en la búsqueda de sonreír realmente, nuestro cerebro creerá que estamos contentos y reaccionará segregando endorfinas suficientes para hacernos sentir bien.

Nuestro cerebro no distingue realmente si ese sentimiento de felicidad o tristeza que denotamos con los gestos y que nuestra memoria muscular conserva, son reales o creados adrede por nuestra propia voluntad.

El cerebro y el no

Probablemente hayas escuchado antes la frase: "El cerebro no entiende la palabra no". Hay razón en ello, pero no de la manera en que crees. En el primer capítulo resaltamos a aquellas personas cuyo diálogo interno no se lleva a cabo de manera puramente verbal (con palabras), sino que se desarrolla mediante una sucesión de imágenes que plasman sus pensamientos de manera orgánica, sin la mediación del lenguaje. Este tipo de comunicación puede, o no, ser más limitada en ciertos aspectos, pero su carácter inmediato y su sencillez no dan lugar a dudas o a malas interpretaciones, cosa que sí puede ocurrir con el lenguaje.

Aclararé esto. El hecho es que tu cerebro puede entender la palabra no. Si no fuera así, entonces no podríamos usarla en nuestra vida diaria, porque ¿cómo podríamos utilizar una palabra que no podemos comprender de ninguna manera? Piénsalo, la falta de una negación traería graves consecuencias. Sin ella, todos estaríamos obligados a hacer los favores que nos pidieran, incluso en detrimento nuestro. No podríamos hacer prohibiciones, aunque fuera por la seguridad de las personas. Es un ejemplo burdo, pero funcional.

Ahora bien, el hecho de que lo podamos entender no significa que sea una fórmula mágica para borrar pensamientos de nuestras cabezas. Si te digo en este momento que no pienses, no lo hagas, no pienses en un elefante rosa con tutú parado sobre un banco, hay al menos cinco palabras diciendo que pienses en un elefante rosa y solo una diciendo que no lo hagas. Es simple aritmética. Lo cierto es que el hecho de prohibirnos algo o de tratar de deshacernos de una idea, lo único que logra es que esa idea o comportamiento quede firmemente atrincherado dentro de nuestra cabeza. Si te digo que no tomes los caramelos de la mesa, estarás tentado porque acabas de pensar en que podrías tomarlos, incluso si no te había pasado por la mente con anterioridad.

Queda más que claro que el lenguaje puede confundirnos, pero ¿cómo evitarlo? Por fortuna tenemos algunas alternativas. Una de ellas es reformular lo que queremos de forma positiva, evitando lo negativo. En vez de decirte que no te tropieces en la carrera de relevos, piensa en avanzar con paso firme y seguro. En vez de pensar en no robar los caramelos, piensa en ser obediente y honesto. Por supuesto que, si eres más visual, bastará con evocar una imagen clara de lo que deseas, sin necesidad de palabras que puedan oscurecer el mensaje. Tal vez el simple hecho de pensar en lo que quieres no sea lo suficiente para conseguirlo, pero si te imaginas lográndolo, obtendrás algo de práctica que te vendrá muy bien en el futuro.

Capítulo tres:

Métodos para evitar la negatividad

No se puede expulsar la oscuridad de una habitación a patadas, simplemente habrá que abrir las ventanas para dejar que entre la luz.

Natalia Gómez del Pozuelo.

Ahora que hemos puesto en la mesa por qué necesitas controlar tu diálogo interno que, como ya se expuso, es esa conversación que media nuestra vida en todo momento, necesitas establecer qué puedes hacer para arreglar todos los problemas que aparecerán en tu día a día si no lo controlas. No te preocupes, no te haré esperar mucho con las respuestas.

En este capítulo probablemente encuentres algunos procedimientos que puedan conjurar esos pensamientos oscuros que se dejan caer sin filtro en la plática mental, pero recuerda que ningún método es infalible, por lo que, al final, lo que debes hacer es observarte y crear tu propia metodología, ya sea mezclando los pasos que aquí se vierten o creando los propios. Somos individuos, es decir, seres individuales y, por tanto, todos somos diferentes, así que lo que le sirve a unos podría no servir a otros. Te repito que no te preocupes, lee tranquilamente y procura no ser excesivamente crítico al analizar tus propias conductas.

Método para aprender a valorarte

No, este método no consiste en los típicos pasos en orden secuencial que, uno por uno, te ayudarán a llegar a la cumbre. Si bien es cierto que lo que se busca es que llegues a ser la mejor persona que puedes ser, los métodos que aparecen como recetas de cocina, con pasos específicos para que los lleves a cabo, suelen ser bastante falaces y estresantes. No tienes que preocuparte por otra cosa que no sea ir cambiando poco a poco esos hábitos y esas acciones que te atraen hacia el centro de la negatividad. Si puedes con un cambio a la vez, con dos o con veinte, la decisión es tuya. Por tanto, este método no tiene un orden específico, lee, analiza y piensa cómo te serviría a ti realizarlo.

• **Toma distancia de la gente negativa**

Puede que sepas perfectamente a qué tipo de gente me refiero e incluso te hayan llegado varios rostros o nombres a la cabeza, pero si no es así, si eres de las personas que creen que no hay nadie negativo a su alrededor y que todo es su propia culpa, déjame contarte de quién estoy hablando.

¿Alguna vez, al estar con alguien, te has sentido agotado, desanimado o triste sin razón y lo extraño es que cuando llegas a tu hogar y te dejas caer en tu lugar favorito, sientes un gran alivio? Es claro que estas personas son del tipo que hace pequeñas críticas incómodas que suelen provenir de la envidia, la baja autoestima, la poca tolerancia o el resentimiento, es decir, desde los sentimientos negativos.

El problema es que estos comportamientos se repiten. De alguna manera, la negatividad se contagia. Alejarse de dichas personas no es sencillo, sobre todo cuando forman parte de tu ambiente social. Si entramos en el segundo caso y no puedes tomar una distancia física, la respuesta es realizar un distanciamiento emocional.

- **¿Eres una persona negativa?**

Para ello primero debes reconocer si tienes alguna de las características antes descritas respondiendo honestamente las siguientes preguntas. Para saber si otras personas entran en esta categoría, también puedes utilizar el cuestionario.

1. ¿Te ríes de las personas y no con las personas?

2. ¿Eres condescendiente con los demás?

3. ¿Te gusta ignorar a los otros?

4. ¿Desprecias con alguna intensidad a los demás?

5. ¿Cambias de opinión para llevar la contraria?

6. ¿Te cierras ante las personas con ideas distintas a las tuyas?

7. ¿Siempre tratas de convencer a los demás cuando hablas?

8. ¿Te molestan los éxitos de los demás?

9. ¿Hablas sobre ti mismo muy seguido?

10. ¿Interrumpes a otros cuando no te gusta lo que dicen?

11. ¿Te quejas durante gran parte del día?

12. ¿Sueles insultar a los demás?

13. ¿Te mantienes pasivo-agresivo todo el día?

14. ¿Haces que los demás se sientan culpables?

15. ¿Te importa siempre tener la última palabra?

Si contestaste que sí a dos o más, probablemente eres parte del problema y debes hacer diversos cambios, el primero es alejarse de las otras personas negativas.

• **Distancia emocional, la mejor barrera**

Los pasos a seguir para un alejamiento físico son claros, pero para un distanciamiento emocional es mejor:

1. Reconoce a la persona de la que quieres alejarte, para lo que seguramente te fue de utilidad la guía de preguntas anterior.

2. Debes hacer un listado de pros y contras sobre estar con esa persona.

3. Refuerza tu autoestima, los capítulos 6, 7 y 8 pueden ser de mucha ayuda con ello.

4. Aprende a decir no, por ejemplo, no tienes que salir con todo el que te invite y no tienes que resolver los conflictos de todos los demás.

5. Ponte la máscara, no importa qué, tus gestos deben ser amables y agradables

frente a los que realice la otra persona, quizá te haga malas caras al principio, pero se cansará.

6. Aunque tus respuestas verbales están delimitadas por tu entorno (si tienes, por ejemplo, que hacer una presentación en equipo, debes ser capaz de mantenerte receptivo a la conversación), intenta responder brevemente, pero no te limites a monosílabos porque te hacen ver grosero y, sobre todo, sé amable.

7. Mientras esa persona continúe rondándote, busca evadirte con tu mente, ve a lugares o momentos agradables de tu pasado o, simplemente, enfócate en otra cosa.

Finalmente, hay que agregar que si esa persona no desiste, la mejor manera de que cambie de actitud es confrontarla diciéndole lo que piensas. En el mejor de los casos, la persona reconocerá su problema y tratará de resolverlo, aunque lo más seguro es que simplemente te deje en paz.

• **No intentes caerle bien a todo el mundo**

Todo esto tiene que ver con el complejo de inferioridad que nos ataca haciéndonos sentir menos que otras personas a quienes consideramos que han logrado más en la vida, que son más inteligentes, más bonitas o, incluso, más felices. O con sentirnos tratados de manera injusta por nuestros seres queridos o las personas que nos rodean. Esta situación ocurre mucho en la familia. Cuando uno de los hijos es el que recibe los halagos y el cariño del padre, los otros intentarán hacer cuanto esté en sus manos por congraciarse, incluso si la razón de esa preferencia no tiene nada que ver con las acciones del hermano.

Al final, todas las razones se parecen, queremos complacer a los demás de una forma obsesiva para obtener su aprobación. Trabajo, escuela o casa, el lugar no parece importar para apegarnos a este vicio. Internet es un gran ejemplo, las redes sociales se han vuelto centros de búsqueda de aprobación, por lo que los usuarios suelen mostrar una imagen retocada de sí mismos, sin mostrarse realmente, para recibir satisfacción inmediata en forma de corazones o *likes*. El problema es que las relaciones humanas no suelen ser totalmente recíprocas. Una persona siempre será la que dé más y la otra siempre recibirá más. Nuestra complejidad evita que ese deseo de reconocimiento se sacie.

El primer paso para intentar salir de este atolladero es el autoreconocimiento, en donde te des cuenta de cuáles son tus necesidades y por qué sientes esa ansia de compensación inmediata. Una buena treta es recordarte que las relaciones no son un intercambio sino una negociación, no das una sonrisa y esperas el pago inmediato y equivalente. Lo que es importante es que no deberías querer o necesitar nada a cambio de dar una sonrisa, una foto o un abrazo, eso debes hacerlo porque quieres hacerlo y te hace sentir bien a ti, y si a la otra persona la satisface en el camino, entonces hay dos ganadores.

Entiende que si los pilares de la relación se basan en la recompensa inmediata, entonces estos conflictos te seguirán a todos lados. Revisa mentalmente tus relaciones de amistad, familiares, de trabajo o románticas. Si encuentras que tus bases son esas, debes replantearte las cosas. Empieza preguntándote qué debería ser el amor, la amistad o la camaradería, piensa en lo que significa y por qué no puedes entregarte a ello sin pensar en la recompensa, las respuestas podrán ayudarte a redefinir tus relaciones contigo mismo y con los demás.

• **Todos cometemos errores**

El fracaso solo existe cuando tú determinas que has fracasado. Es difícil escuchar que nosotros somos quienes decidimos ser unos fracasados, pero es cierto. Equivocarse es simplemente una parte del proceso, pero se nos ha vendido la idea de que tenemos que ser perfectos desde el inicio, de que si no eres genial al nacer, entonces eres una desgracia. El pánico a equivocarse tiene que ver con una baja autoestima y el ya mentado complejo de inferioridad, puesto que llegamos a comparar la perfección con la aceptación, creemos que recibiremos esa recompensa inmediata y que seremos reconocidos y que todos nuestros problemas cesarán si logramos la perfección en tal o cual asunto.

El problema, como siempre, es que el ser humano trabaja a prueba y error, y si no funciona algo lo intenta de nuevo hasta que lo logre. La idea de que el error es equivalente al fracaso dista mucho de la verdad histórica que ha llevado a nuestra sociedad a su funcionamiento más básico. Es el reconocimiento de los errores lo que nos lleva a corregirnos y entendernos mejor. No es nueva la frase de "se aprende más de los fracasos que de los triunfos" y es cierto, ante el error siempre hay una o varias posibilidades de corrección, pero ante el éxito no hay ninguna, el éxito es el fin del camino. La ciencia, por ejemplo, privilegia el error y permite que todas sus teorías aceptadas sean cuestionadas todo el tiempo, siempre en busca de conocer más y mejor al mundo que nos rodea.

La vida se vuelve más colorida cuando te das permiso de equivocarte, reconocerlo y aprender de ello. Los errores nos vuelven más humildes y mejores personas. Deja de ser tan duro contigo mismo. Sí, cuando otros nos revelan nuestros errores, el golpe al ego lastima un poco, pero el ego sana rápidamente si lo ves con un rostro limpio de prejuicios y listo para volver a intentarlo, porque mientras haya vida, hay esperanza.

- **Crea escenarios en tu mente**

Así es. Somos seres imaginativos, es más, nuestra imaginación es una puerta maravillosa que nos acerca más a nosotros mismos de lo que podemos llegar a creer. Si tienes un momento libre en tu casa, incluso antes de dormir o al despertar, dedícate a divagar sobre lo que te gustaría. ¿No lo has intentado nunca? El proceso es sencillo:

1. Piensa en esas cosas que anhelas

2. Recrea la imagen en tu cabeza, cerrando los ojos si es necesario

3. Imagínate a ti mismo en el centro de esa situación

4. Imagina lo que dirás, cómo actuarás, cómo estarás vestido

5. Recréate en la sensación de triunfo

6. Despierta, escribe tus metas en un diario o un cuadernillo y sigue tu día.

Los resultados son muy buenos, no sólo te sentirás mejor porque ese sentimiento de alegría o triunfo lo ha detectado tu cerebro arrojándote montones de endorfinas, sino que reduces el estrés, se acrecienta la creatividad de tu día, alientas tu pensamiento divergente y mejoras tu habilidad de resolución de problemas, todo esto si lo haces al iniciar el día. Si, al contrario, realizas tu ejercicio antes de dormir, probablemente soñarás algo agradable al respecto, y un buen sueño siempre es garante de un buen día siguiente.

• Lo que pasó, pasó

Hubiera hecho esto, hubiera hecho aquello. Lo cierto es que pensar en ello es necesario, nos ayuda porque nos hace ver nuestros errores y, como se dijo anteriormente, tenemos derecho a equivocarnos y la obligación de aprender de ello. Sin embargo, la gente tiende a pensar siempre en las malas experiencias, en todo lo que han hecho erróneamente, y se dedican a regodearse en el sentimiento de dolor en vez de pensar en lo que podría mejorarse y cambiar el tema. Lo que pasó, pasó. Ya no tiene vuelta atrás, pertenece al pasado y no podemos recuperar el tiempo perdido.

En cada momento de nuestra vida cometemos errores de forma razonada o inconsciente, no podemos saberlo todo y el ser humano no es perfecto, a veces hay que lanzarnos al vacío con una idea y ver si no golpeamos el fondo. Esta es la forma de actuar de los seres vivos, hacer un intento, errar e intentarlo de nuevo.

Lo ideal en esta vida es no tener arrepentimientos, así que deja de arrepentirte de cuando hiciste tal o cual cosa, mejor entiende lo que hiciste mal o qué otra cosa podrías haber hecho, pero entiende también por qué hiciste lo que hiciste. De esta manera estarás mejor preparado si se presenta otra situación similar, pero, ante todo, deja de pensar en ello después de un tiempo. No digo que te olvides de tus errores, pero no los hagas la principal línea argumental de tu vida.

Mira hacia adelante, recuerda que tienes permiso de equivocarte y que el nombre de esos errores es simplemente uno: experiencia.

- **Si te afecta, tú decide**

Si eres una persona decidida, felicidades. La toma de decisiones es difícil, pero si la vida te ha llevado a tomar tus decisiones, entonces puedes saltar este paso. Si, por el contrario, eres de la mayoría a quienes la toma de decisiones se le dificulta, déjame decirte algunas de las razones por las que esto suele ocurrir, de las que, por cierto, ya se ha hablado en su mayoría: miedo al fracaso, falta de confianza, mente cerrada, dependencia o comodidad.

Cualquiera que sea el motivo que te está deteniendo, es muy importante que logres dar el paso y decidir por tu cuenta. No es posible que dejes que sean otros quienes elijan tu camino en la vida, tu vida es para ti, lo que significa que solo tú deberías decidir hacia dónde avanzar y qué oportunidades tomar o desechar. Aquí hay algunos tips que te pueden ayudar a la hora de decidir ciertas cosas:

1. Identifica y aísla el problema, mucha gente no sabe ni qué es lo que pasa, asegúrate de que tú sí

2. Para tomar una decisión informada y conocer todas las opciones que tienes, investiga el tema

3. Reconoce tus opciones, como ya vimos en el apartado de toma de decisiones, lo mejor es que tengas frente a ti todas las opciones que se te ocurran para esa

situación específica sobre la que debes decidir, escríbelas en tarjetas y ponlas frente a ti

4. Conócete a ti mismo. Quizá tu decisión sea si saltar sobre un camión de basura o no. Si sabes que no tienes la habilidad, lo mejor es que sea otro quien salte o terminarás en un hospital

5. Evita tomar decisiones de último minuto, saber desde antes que tienes que tomar una decisión puede ser un poco estresante, pero tener tiempo para contrastar información y reconocer tus opciones es vital para que no te arrepientas después, debes tomar la mejor decisión que puedas con el conocimiento que tienes a la mano

6. Si tienes experiencia en el asunto o has vivido algo parecido, usa lo que ya has aprendido

7. Si es una decisión de la que te puedes echar para atrás después, prueba. El mundo se construyó a prueba y error y

cada uno de nosotros también, así que escribe los pros y los contras de intentarlo y, si tienes ganas, lánzate

Recuerda que tu capacidad de tomar tus propias decisiones es lo que te hace un ser libre.

- **¿En tu vida solo pasan cosas malas?**

Nuestra mente está hecha para recordar momentos de shock, esos momentos críticos que nos han marcado en nuestra vida. Sin embargo, además de las cosas tremendistas que te han ocurrido, si lo pones en perspectiva, son más las cosas agradables que sueles recordar: esa salida al cine en que conociste a tu pareja, el olor de tu madre, una navidad especial. Aprender a apreciar las cosas buenas que nos han ocurrido es algo difícil si estamos acostumbrados a solo recordar lo malo, pero puedes ejercitar tu mente cada mañana forzándola un poco a recordar cinco cosas buenas que te hayan pasado en la semana. Cinco es un gran número y probablemente haya más, pero, si no lo haces, es seguro que solo recordarás esa única cosa en la que fallaste o en la que te fue mal.

Aprender a valorar las cosas que tienes también es importante y va de la mano. Un ejercicio muy utilizado para esto es que cada mañana agradezcas a tu dios, tu mundo, tu universo o a tu mismo ser interior, al menos tres cosas buenas que posees, cada día tres cosas diferentes, te darás cuenta de que siempre hay algo que agradecer y, por tanto, que tienes muchas cosas buenas alrededor de ti.

Estos ejercicios ayudarán profundamente a tu diálogo interno, lo que se traducirá en mejores decisiones y un día a día enriquecido. Entiende que en tu vida hay muchas cosas positivas, enfócate en ellas y te sentirás más seguro, amado y confiado, que es lo que hace nuestra vida mucho más liviana y alegre.

Método para cambiar de página

Este método plantea alejarnos de la negatividad que permea nuestra vida, y, aunque el enfoque se encuentra en otro lugar, seguramente encontrarás varias similitudes con el anterior, pues consiste en...

- **Autoreconocimiento**

Ya hemos hablado de que el primer paso es entender si eres parte del problema o en qué estado te encuentras, para eso, en el primer método hay una serie de preguntas que intentan descubrir si eres una de esas personas negativas que roban energía y hacen sentir mal a los demás. Además de dicho cuestionario, hay algunos ejercicios que puedes tomar en cuenta para este autoreconocimiento, ya sea llevar un diario y analizarlo cada tanto, hacer listas de tus virtudes y defectos, hacer un *collage* de tus pasiones y ponerlo en tu habitación o tu lugar de trabajo, en donde pases más tiempo. Incluso puedes pedir a algún amigo cercano que sea honesto contigo sobre las cosas buenas y malas que observa. Aprender sobre uno mismo también significa confiar en los demás.

Una vez que has entendido la clase de persona que eres, es momento de efectuar pequeños cambios que te lleven a ser mejor, pero no para los demás, sino para ti mismo; es decir, que te lleven a la felicidad en las áreas de tu vida que veas resentidas. Cuando no sabemos exactamente qué queremos o hacia dónde vamos, es frecuente vivir con una inquietud que puede volverse incluso un malestar físico. Las crisis existenciales son reales y nos llevan a lugares muy oscuros.

El autoreconocimiento es saber reconocerse en tu aquí y ahora, y el autoconocimiento nos lleva a saber quiénes somos y qué queremos. Ambas ideas se combinan para ayudarnos a ser realistas, tener los pies en el suelo y la mente en el aire, saber entendernos y deducir lo mejor para nosotros mismos. Los principios que regulan tus emociones, relaciones y metas, los comprendes cuando te reconoces en el espejo frente a ti, es por ello que el primer paso siempre es situarte en este mundo y entender tu situación actual, desde ahí puedes moverte para donde sea.

- **Disparadores emocionales**

Una vez que hayas entrado en el proceso de autoreconocimiento, encontrarás el rastro de estos factores externos o mensajes que, al recibirse, provocan una acción inmediata en nosotros. Estos mensajes no los filtra nuestro raciocinio, sino que pegan directamente en el área de la emoción y del instinto, por lo que la acción que sigue es casi inconsciente.

Hay que comprender lo increíbles que pueden ser estos disparadores, ya que pueden, por completo, cambiar tu forma de ser. Es por ello que también son muy peligrosos y por lo que debemos aprender a identificarlos.

Un ejemplo sencillo lo vemos de forma muy clara en la saga de películas *Volver al futuro*, cada vez que Marty McFly es llamado "gallina" (*chicken* en el original), su reacción es visceral, sale de las entrañas y no puede controlarlo. Este término, que se utiliza en lugar de "cobarde", hace que el protagonista realice ciertas acciones con consecuencias negativas que no procesa en un primer momento.

Aprende a reconocer tus disparadores, desde el más sencillo hasta el más trascendental, al hacerlo tendrás un poco más de poder sobre ellos y podrás utilizarlos para tu propio beneficio y salud.

- **Gente negativa**

En el método anterior, seguramente observaste ya el cuestionario para saber si eres una persona negativa o no, sin embargo, muchos expertos señalan que si hay negatividad en tu vida no puede simplemente provenir del exterior, que por fuerza eres un ser negativo que lucha por salir a la luz. Ya sea que consideres que ese es tu caso o no, existen muy diversas maneras de tomar distancia del asunto.

Recuerda que hay pequeñas cosas que puedes hacer para alegrar tu día. Seguro que has visto en las mesas de algunas oficinas que hay plantas, fotografías y hasta juguetes. Esta es una barrera física contra la negatividad, me refiero a que siempre es bueno tener una imagen visual de aquello que nos gusta para alegrarnos el día. Si te sientes envuelto por la negatividad, empieza por redecorar los espacios que más cohabitas. No tiene que ser una gran remodelación, a veces basta con ver una foto de tu familia o de un ser querido para que tu mente te lleve de descanso a un lugar y un momento feliz.

- **Busca escapes**

A veces no hay forma de evadir esa sensación oscura que te rodea, se ha conjuntado a tu alrededor y te apretuja de una manera terrible, para ello es necesario tener una válvula de escape lista para abrir, considera que eres una tetera y que, al abrir la válvula, la negatividad saldrá expulsada como el vapor que sale desprendido al estar listo el té. Librarse de la presión de esa negatividad es algo necesario y bueno para la salud, por lo que tener varios escapes preparados es una buena idea.

1. Mantente en el presente con cosas que te lo recuerden, a veces te sientes presionado por cosas que ya pasaron y a veces por cosas que podrían pasar, no sufras dos

veces, deja la presión para cuando sea necesaria

2. Mira hacia atrás, de preferencia con tus seres queridos. En un momento de crisis siempre es agradable ir a visitar a tu abuela, tu tía o tus padres, recuerden cosas lindas juntos y el momento te ayudará a recobrar la calma

3. Haz ejercicio, funciona tanto si lo haces en tu casa como si vas al gimnasio, pero lo mejor es que no lo hagas en soledad, que veas gente pasar y sientas el aire fresco. El ejercicio ayuda a descargarte y a que contrarrestes la ansiedad y el malestar

4. Medita. Busca un lugar en el que estés en soledad y toma un tiempo para liberarte de tus pensamientos intrusivos, regularás tu energía y tus sentimientos.

5. Habla con tus amigos. A veces decir lo que sientes y que te escuchen es lo único que necesitas para encontrar las soluciones, nunca subestimes el decir tus problemas

en voz alta frente a alguien que te dará su apoyo y cariño

6. Eventualmente, si tus pensamientos negativos te llevan a lugares oscuros, no rechaces la idea de hablar con un profesional, hay que olvidar los estigmas sobre la salud mental y apoyarnos en quienes saben cómo ayudarnos.

• **Realiza una verificación de la realidad**

Este es un gran ejercicio para todos. Normalmente asumimos que todo lo que experimentamos es "real", cosa que ya explicamos más a fondo cuando hablamos sobre nuestro cerebro, pero lo cierto es que hay diferentes momentos y diferentes estados de consciencia, por lo que nunca se sabe qué es 100% real.

El ejercicio consiste en hacer revisiones durante el día para saber si estás despierto y observando la "realidad", o no. Realiza verificaciones de realidad, como:

1. Intenta levantarte volando del asiento

2. Revisa que existan apagadores de luz (rara vez los hay en los sueños)

3. Obsérvate en una superficie reflejante

4. Intenta recordar tu día

Estos son algunos ejemplos, puede ser cualquier tipo de verificación que se te ocurra que pueda pasar en los sueños, claro, siempre asumiendo que estás en la realidad para que no se te vaya a ocurrir saltar por la ventana. Realiza las verificaciones cada dos o tres horas a lo largo del día y, una vez que tengas en claro que estás en el mundo "real", entonces recuerda lo último que estabas pensando y sitúalo en esta realidad.

Quizá estabas preocupándote por si los resultados de un examen son negativos, en cuyo caso tienes que entender que no estabas en el mundo real, porque tus resultados aún no llegan y no es preciso preocuparse por ello.

Quizá te lamentabas por haber perdido un vuelo hace dos semanas y ahora tener menos dinero porque tuviste que gastar en un nuevo boleto. Eso tampoco es el mundo real, estás en el pasado y no tiene sentido permanecer ahí, mejor busca soluciones en el presente.

Así es, una vez que físicamente entendiste que estás en el mundo real, tienes que comprobarlo también mentalmente, porque tus pensamientos pueden estar desfasados y esa tristeza que sientes por la pérdida de tu abuela es ficticia, ya pasó hace muchos años y, aunque está bien recordar, no es bueno volver a experimentar la pérdida de forma tan fuerte, ya pasaste por eso, es una experiencia que se suma a tu bagaje, ahora enfrenta tu aquí y ahora.

Este ejercicio, además de ser divertido, te mostrará exactamente en dónde estás parado.

- **Nadie es perfecto**

Es cierto, la perfección no existe, quienes buscan sin descanso el éxito tienen el problema de que nada les parece suficiente y, por tanto, todo les produce una desagradable insatisfacción, siempre creen que pueden hacer las cosas mejor y mejor y mejor, lo que además genera estrés y un cansancio crónico que les dificulta cumplir con sus objetivos. Los perfeccionistas son tremendamente inseguros y es por eso que se exigen tanto. Todo en ellos huele a fracaso porque así lo han decidido. Pese a que logren su cometido, su frustración es la que los guía.

Aunque es muy difícil, sobre todo porque los rasgos perfeccionistas comienzan desde muy temprana edad, es sano comprender que no todo a lo que se aspira puede lograrse, y, ya que estamos, entender que un trabajo bien hecho no tiene que ser perfecto, simplemente tiene que cumplir con lo que se ha requerido. Mucha gente habla de que no hay que ser mediocres, pero el trabajo término medio no es necesariamente malo, cumples con el objetivo de una forma correcta y obtienes más tiempo para dedicarlo a otro objetivo que puede ser aún mejor. No hay que vivir resintiendo que lo que hacemos no es perfecto, sino que hay que pensar que, realizando un buen trabajo y teniendo suficiente tiempo para otras cosas, podemos disfrutar de una buena vida.

● **Recuerda lo mucho que vales**

Este paso no es ajeno a los métodos para mejorar tu vida, ya que siempre solemos ponernos en el último lugar frente a otras personas, acostumbrándonos tanto a ello que llegamos a desaparecer en favor de los demás. Recordar tu valor propio te hará volverte visible para ti mismo. Siempre habrá batallas que librar en esta vida, pero recuerda que aprendes con cada una de ellas y así mejoras poco a poco. Siempre puedes tomar un respiro, una pausa, y tomar aliento para seguir, ya sea con unas vacaciones o simplemente pasando una alegre tarde con tus amigos o familia. Recupera la energía, tómala del sol y de la tierra. Eres un ser vivo y eso ya te otorga un valor sin igual frente a un universo que nos es desconocido y que parece bastante árido.

Apóyate en tus amigos cuando se rían de ti o te critiquen. La gente negativa se irá siempre que no respondas con la misma negatividad. Cuando sientas que el enojo te invade, que la oscuridad se ciñe dentro de ti, busca esos escapes de los que hablamos y vuelve a sonreír. Agradece por todas las cosas que tienes ahora y por todas las que tendrás. Siéntete amado porque lo eres, todos tenemos la luz del cariño de nuestros seres queridos, ya sea que aún estén con nosotros o ya no.

Habla con tus muertos, recuérdalos, sonríe y cuéntales por qué deben estar orgullosos de ti. Todos tenemos un valor intrínseco, recuérdalo ante ti y ante ellos. Sonríe a la vida, esa es la única manera real de enfrentar el porvenir.

- **Dale vuelta a la hoja (resumiendo)**

Siempre que estés en una situación crítica, es necesario que hagas tus ejercicios de autoreconocimiento para entender qué está pasando. Entiende qué disparadores mentales te han traído a este momento en tu vida, escríbelos en un papel y estúdialos, porque así podrás enfrentarte a ellos conscientemente la próxima vez. Aléjate de la gente negativa y, sobre todo, aleja la negatividad en la que te sientes envuelto mediante pequeños cambios en tu entorno.

Realiza diversos ejercicios que te ayuden a reconocer en qué momento de tu vida estás, por qué estás en él y verifica la realidad para saber si lo que sientes está justificado. No busques la perfección, porque el ser humano es perfectible y eso es lo maravilloso de nosotros, que siempre podemos mejorar. Finalmente, recuerda lo mucho que vales y lo mucho que tienes. Una vez que hayas hecho esto, sonríe y sal a la batalla de nuevo, pero con una nueva perspectiva.

Otros métodos

Para terminar nuestro capítulo, enumeraré algunos planes para alejar la negatividad que podemos encontrar en varias clases con *coaches* o expertos en el tema. No me detendré mucho en cada uno, porque la mayoría son parecidos, como ya hemos visto con los dos expuestos anteriormente, pero me parece necesario mostrar los distintos pasos que se manejan.

El primero lo encontramos a continuación:

1. Reflexiona sobre tu vida o el problema en cuestión

2. Medita diariamente al respecto

3. No le temas al silencio o a la soledad, te darán respuestas

4. Agradece al amanecer por un nuevo día

5. Sal a la calle con una sonrisa en tu rostro

6. Siempre que te encuentres con alguien, dile algo lindo, ya sea su vestido, su cabello o lo saludable que se ve

7. Una vez al mes, date un pequeño regalo de ti para ti

8. Antes de dormir escribe tres cosas por las que estás agradecido, hazlo diariamente y siempre con cosas diferentes, tendrás una lista enorme

Como muchos métodos, este te pide cambiar pequeños detalles en tu vida diaria para ir alejando la negatividad paso a paso. El siguiente, aunque breve, se parece un poco al primero que describimos:

1. Aléjate de las personas negativas

2. No vivas por los demás

3. Evita enojarte por cosas sin importancia

4. No pierdas el tiempo lamentándote y acciona

5. Valora lo bueno que te pasa

Para terminar, el siguiente método menciona cosas que deberíamos hacer para evitar la negatividad. Es un poco más general que los demás, pero refleja la misma línea:

1. No juzgues

2. No critiques

3. No condenes

4. No te proyectes en los demás

5. Ante cada idea negativa, piensa en algo positivo

6. No te regodees en lo imposible

7. Aléjate de los prejuicios

8. Abre tu mente

9.   Vive para ser feliz y para hacer feliz

La idea general es que vivas lo mejor posible y que te alejes de esa oscuridad que pulula por el mundo y que nos hace infelices sin razón, no te alejes de ella.

Capítulo cuatro:

¿Nos afecta hablar y hablarnos en negativo?

No hay ni bueno ni malo, el pensamiento lo hace así.

Hamlet.

Acabamos de hablar extensamente sobre cómo podemos evitar la negatividad en nuestra vida, pero cabe preguntar, ¿es realmente tan mala la negatividad? ¿Vale la pena esforzarnos tanto solo para evitarla? Es una duda natural y, por eso, a continuación hablaremos de las causas de la negatividad y los problemas que puede traer consigo.

El diálogo negativo hacia los infantes

El tipo de comunicación que se forja entre padres e hijos es determinante para conformar la personalidad de los niños. A veces los adultos hablan sin saber que los pequeños ponen atención a todas horas y, sobre todo, a sus padres. Por más inocuas que puedan parecer las palabras, éstas influyen a nivel psicológico y, por tanto, tendrán un impacto en su comportamiento. Empezamos hablando sobre este tema porque es importante observar cómo la negatividad se va forjando desde casa, a muy temprana edad y, normalmente, sin que nadie se dé cuenta.

Las formas más típicas de esta comunicación negativa sirven para poner etiquetas, por ejemplo, cuando el padre llama al niño "mentiroso" o "travieso", los niños finalmente se ceñirán a su etiqueta y terminarán por creerla, siendo así condicionados y creando una fuerte inseguridad. Otro ejemplo de esta comunicación negativa es el típico chantaje emocional con el que los padres creen que lograrán que sus hijos hagan caso, sin darse cuenta de que el niño irá guardando culpas que no debe tener y acabará sintiéndose responsable por cosas totalmente ajenas.

Los padres también son quienes empiezan a forjar el perfeccionismo a temprana edad, haciéndole fuertes exigencias a los menores, que comenzarán a estresarse por no cumplir con los estándares requeridos. Además, si se les dicen cosas malas, aunque sea en broma, como "eres un tonto" o "ah, que bruto, ja, ja, ja", entre otras, el niño lo tomará en serio y, si lo dicen en público, le crearán un sentimiento de inseguridad y retraimiento.

Si a las exigencias, por ejemplo, en el ámbito escolar, se le suman las predicciones negativas ("seguramente vas a reprobar", "eres un burro, por eso sales mal", "no vas a entrar en el uniforme si sigues comiendo así"), los niños darán por sentado que sus padres no creen que ellos puedan lograr algo en la vida, por lo que se afectará su habilidad de toma de decisiones y su animosidad.

Creo que hasta aquí se está entendiendo que es la interpretación la que nos ocupa y por la que nos debemos preocupar. Si le levantan la voz al niño y lo recriminan por siempre portarse mal o porque el padre ya está "harto" de su comportamiento, el niño interpretará que no lo quieren. Si lo regañan porque "siempre hace todo mal", el pequeño se apegará a la idea de su inutilidad. Si lo desaprueban con el típico "haz lo que quieras", pero dicho con la intención de que no haga lo que quiera, el niño tendrá sentimientos encontrados y pensará que, sea lo que sea que decida, no le gustará a sus padres, por lo que se volverá dependiente.

Si, por ejemplo, el infante quiere que lo acaricien o que reconozcan un logro, y el padre le dice que "ahora estoy ocupado, después", el niño sentirá el rechazo, la negación del amor y, quizá, desarrolle problemas para mantener relaciones interpersonales. También es muy malo que al niño se le amenace, cosa que suele ser muy común al criar a los pequeños. "¿Y si no, qué te hago?" "Ven ahora mismo o vas a ver", estas frases provocan un sentimiento de abandono y soledad, al igual que cuando comparan a un hermano con otro, lo que además agrega rivalidad.

Como puedes observar, el lenguaje negativo deja una fuerte huella en los menores, ya que todo lo que se dice y el cómo se dice, el niño lo absorberá para su futuro comportamiento. Hay que tener en cuenta que, a veces, la actitud es la que diferencia un lenguaje negativo del positivo, por lo que se debe cuidar también la gestualidad, el tono y todos los elementos no verbales de la comunicación, pues, al llegar al cerebro del niño, todo el lenguaje es interpretado y, el enorme problema es que la interpretación puede convertirse en esa creencia inamovible que conforme la identidad de dicha persona.

El diálogo negativo y tú

Tanto los pensamientos como el habla negativa nos afectan de maneras diferentes. Sin embargo, hay razones claras por las que estos podrían surgir durante nuestro día, dichas razones no son de otro mundo y se pueden eliminar con algunas acciones para lograr sentirnos mejor y obtener una mejor calidad de vida. Por ejemplo, cuando hay algo ocurriendo ya en nuestro cuerpo, nuestra actitud se torna negativa, al igual que nuestras palabras y pensamientos.

Si, por ejemplo, no hay una buena circulación de oxígeno que refresque nuestro cerebro, un viaje al gimnasio o clases de aeróbicos pueden hacer maravillas. Piensa también que una clase de yoga tiene más de un beneficio, sus estiramientos ayudan a la circulación de energía por todo nuestro cuerpo, lo cual, si se hace desde la mañana, mejora el día sobremanera. Igualmente ocurre con los problemas de circulación, para los que casi cualquier actividad física puede resultar un alivio, por ejemplo, ejercicios como béisbol, fútbol, natación, tenis o voleibol; de la misma manera, el baile sirve como un excelente ejercicio que además de mejorar la circulación, mejora el humor y, por tanto, nuestra forma de ver el mundo y de pensar (nos volvemos inconscientemente positivos).

Mucho se ha dicho sobre cómo la ira se encona en

el corazón, cuando realmente la sensación se refleja claramente en el estómago. Así como nuestros sentimientos afectan nuestro interior, si los intestinos tienen problemas, nosotros tenemos problemas, hay una reciprocidad increíble en nuestro cuerpo que poco se ha estudiado. Quienes tienden a pensar en negativo suelen tener muchos padecimientos intestinales, y esa es una parte del cuerpo que se utiliza a diario y por lo cual, si hay algún malfuncionamiento, provoca muchos pensamientos negativos, encerrando al enfermo en un círculo vicioso que puede tener muchas consecuencias. Por todo ello es que se recomienda una dieta con mayor consumo de frutas y verduras y menos lácteos, dulces y almendras.

Nuestro cuerpo es uno de los factores más fuertes en cuanto a nuestros pensamientos negativos, ya sea por cosas que nosotros pensamos y sentimientos que hacemos que aguante, hasta palabras que otros nos arrojan y llevamos con nosotros sin querer, como torturándonos. Para sacarnos esto de dentro, es recomendable cuidar nuestro cuerpo desintoxicándolo cada año. Hay diferentes maneras de hacerlo, por ejemplo, tomar té verde un par de veces al día mientras meditas es una gran herramienta, la calidez del té te ayudará a vaciar tu mente. Además, el té verde es antioxidante, por lo que combatirá sin descanso a los famosos radicales libres; mientras que también es un conocido diurético, por lo que te apoyará con una rápida expulsión de toxinas a través de la orina.

Otra forma de desintoxicarse es beber jugo de betabel con rábano negro por las mañanas. El primero contiene un fuerte antioxidante que, además de combatir los radicales libres, promueve la recuperación o regeneración de las células del hígado; el segundo contiene sustancias azufradas, lo que ayuda al drenaje hepático y de la vesícula. Finalmente, la avena hervida limpia en buena cantidad el organismo porque contiene aminoácidos que estimulan la producción de lecitina en el hígado y depuran las toxinas del mismo.

Todas estas opciones son completamente naturales y se recomiendan durante una semana, ya sea dos veces al día o solo por las mañanas. Si no te encuentras en buen estado de salud o tienes dudas, recuerda que acudir a un experto antes de realizar cualquier desintoxicación siempre es una buena opción. No dejes que sea contraproducente, todo depende del estado de nuestro cuerpo. Ten en cuenta también que hay que acompañar esta limpieza natural con ejercicio físico y meditación, de esa forma desintoxicamos tanto el cuerpo como la mente.

Además del lado físico de las cosas, cuando estamos bajos de energía nuestros pensamientos suelen ser oscuros y no queremos que esto ocurra. Como se dijo, la meditación y el ejercicio contribuyen a mantener una mentalidad ágil, tranquila y enfocada, pero no sirve de mucho si te rodeas de personas que den un bajón a tu nivel de energía, es por ello que, en todos los métodos vistos en el capítulo anterior, el primer paso es tomar distancia de ese tipo de gente negativa.

Cada pensamiento provoca que se liberen en nuestro cerebro diversos neurotransmisores y hormonas, cuyo efecto desencadena diferentes respuestas en nuestro cuerpo, dependiendo de la sustancia y el tipo de pensamiento. Es por eso que, si vives enfocando tus pensamientos y, por tanto, tu diálogo interno, hacia aspectos que no te hacen feliz, la respuesta que obtendrás de tu fábrica de químicos cerebral será un cóctel que te haga sentir mal durante todo el día y la noche.

Los sentimientos fuertes como el miedo, la rabia, la impotencia y la frustración son los que más aparecen en estos casos, y son peligrosos en más de una forma, porque a nuestro cerebro se le hace muy sencillo engancharse a ciertas combinaciones neuroquímicas, y por tanto, intentará diversas cosas para que su dueño siga teniendo esos pensamientos y actitudes que lo lleve a seguir sintiendo lo que ese cóctel de químicos le hace sentir, aunque dichos pensamientos y actitudes nos terminen arrojando a lugares totalmente negativos. No me gustaría decir que nuestro cerebro es un adicto, pero por algo en el segundo capítulo hablamos de una "relación complicada".

Los pensamientos negativos que te limitan

"Me está yendo muy bien últimamente, eso significa que debo prepararme y temer, porque seguramente algo muy malo va a ocurrir, yo nunca tengo tanta suerte".

Si, como yo, has tenido este tipo de pensamientos que hacen menos todo lo que logramos no solo en nuestro día a día, sino en nuestra vida, te invito a reconsiderarlo y a que, cada vez que te pesques pensando algo parecido, lo analices a fondo para que veas la falsedad que hay detrás de esa afirmación y cómo, en realidad, tal aseveración se asienta en la nada.

Durante nuestra educación, es raro que se fomente el pensamiento crítico no solo hacia nuestros objetos de estudio académicos, sino hacia nuestra vida diaria. Cuando el pensamiento crítico nos falla, la racionalidad queda pendiendo de un hilo y dejamos de depender de la lógica para basarnos casi completamente en percepciones e ideas que nuestro cerebro suele extraer de mentes no tan agradables que se encuentran a nuestro alrededor, llevándonos a tener pensamientos del todo distorsionados acerca de nuestra vida y del porvenir, que, al ser desconocido, es el que mayor temor nos proporciona, y provocando que nuestro estado de ánimo sea bastante malo. Dicho estado de ánimo disfuncional puede provocarnos cosas como fobias, depresión, obsesión o problemas de autoestima.

Los pensamientos que nos provocan todo este desastre al ocultar, ignorar o catastrofizar la realidad, se conocen como distorsión cognitiva, y estas distorsiones en nuestro interior son las que nos hacen lanzar frases como la que abre este subtema y nos alejan de nuestras metas, ya que nos hacen temer lo que viene y evitan que pongamos suficiente esfuerzo en nuestros proyectos, así nuestro cerebro se regodeará al decirnos "te lo dije" cuando fallemos, pero será él mismo el que provoque el fallo.

Algunos estudiosos de la mente presentan una serie de las distorsiones cognitivas, entre ellas encontramos las siguientes:

- Sobregeneralizar

Ocurre cuando se saca una conclusión general con muy pocas bases, casi siempre solo con una única parte de un enorme todo, por lo que no hay fundamento suficiente. Es relativamente sencillo pescarnos sobregeneralizando, porque esto ocurre cuando utilizamos absolutos como "siempre", "nunca", "todo el tiempo", "nadie", entre otros. Algunos ejemplos son:

"Nunca conseguiré lo que quiero", porque lo busqué una vez y no lo logré.

"Seguiré así por siempre", porque quizá intenté salir de mi *statu quo* una vez y no lo logré.

- Abstracción selectiva

Ocurre cuando, dentro de cierta situación, se elige solo un aspecto que funciona como un tamiz para todo lo demás, pese a que ese simple objeto lo contradiga todo. Hay varios ejemplos de que el aspecto que elegimos casi siempre suele ser el negativo. Pensemos en esa vez que tus tíos fueron a visitarte, pasaste una tarde increíble, pero, al irse, descubres que no jalaron la palanca de tu baño. Listo, ese será el tamiz por el que pase toda esa tarde, por lo que acabarás odiando a tus tíos por ser asquerosos. No importa que hayas entrado a ese mismo baño después de ellos en una ocasión anterior y que estuviera todo limpio, ese único error es el que barrerá todo en tu mente. Frases como "ya estoy cansada de que...", "ya no lo soporto" o "es horrible que siempre..." suelen ser las que te ayuden a identificar este tipo de distorsión.

- Personalización

Ocurre cuando relacionas, sin bases, al entorno contigo mismo. Es decir, si un par de veces que has estado triste ha llovido, pensarás que cada vez que estás triste llueve. Otro ejemplo ocurre cuando el jefe comienza a hablar de lo bueno y lo malo del equipo, y sientes que cada vez que habla de algo malo se refiere específicamente a ti. Un ejemplo típico y que a todos nos ha pasado es que cuando hablamos con alguien más y esa persona de pronto bosteza, sentimos que la estamos aburriendo.

Algunas frases que te ayudarán a darte cuenta de que estás cayendo en esta distorsión son "como siempre, soy yo", "seguro hablaba de mí", "es claro que fue mi culpa". Cuando estás dejando caer el peso del mundo sobre ti mismo, lo más seguro es que sólo estés tomándote las cosas demasiado personales.

- Polarización

Cuando sientes que algo o alguna situación ha llegado al extremo. Si tu valoración de las cosas o acontecimientos es blanca o negra, sin matices por ningún lado, entonces recaerás en la polarización. Si, por ejemplo, solicitas un ascenso y no lo obtienes, pensarás que nunca logras lo que quieres y por tanto eres un fracasado. Justamente esta es una de las palabras claves que te pueden servir para entender que estás polarizando las cosas y que no es fracasado quien comete un error, como ya lo hemos hablado. "Soy un fracasado, "un inútil", "un cobarde", "un incompetente", "un fiasco", "una decepción". Todas estas son las formas que toma el pensamiento cuando no se notan los grados de separación que existen entre bien y mal.

- Interpretación del pensamiento

Como su nombre lo dice, ocurre cuando decidimos que conocemos a la perfección los sentimientos o las intenciones de las demás personas. A veces proyectamos nuestra propia mentalidad en los demás, y por ello creemos que sienten o creen lo mismo que nosotros, y a veces lo inferimos de algunas actitudes sin tener una base fehaciente para creer que conocemos su interior. Por ejemplo, si un grupo de personas se está riendo y alguno cruza miradas contigo, inmediatamente pensarás que hablan y se ríen de ti. Si estás en la biblioteca y la persona que se siente a tu lado en la mesa coloca sus libros entre tú y ella, podrías pensar que es por ti y que quiere hacer una clara separación. Frases como: "hace eso porque...", "seguro está pensando que...", "lo que quiere es...", son las que te darán la pauta para revisar tus pensamientos al respecto.

- Razonamiento emocional

Esto pasa siempre que equiparamos nuestra emoción a nuestra lógica, es decir, cuando creemos saber qué es lo que sentimos y estamos seguros de que es un sentimiento que ha surgido de algo real, no de un pensamiento intrusivo ni de una situación supuesta. Es decir, si aquella persona se siente molesta debe ser porque alguien la ha molestado. Si otra persona está ansiosa es porque un peligro real acecha. Las emociones serían entonces un hecho objetivo y no una interpretación personal que cada quien hace del hecho. Si te encuentras haciendo la correlación: "si me siento de tal forma es porque esto ha pasado", entonces detente un momento y analiza la situación al revés, qué es lo que ha pasado que ha provocado cómo te sientes. Empieza con los hechos.

- Etiquetar

Cuando generalizas los aspectos de una persona o acontecimiento y lo reduces a un solo elemento, produces una visión de mundo estereotipado e inflexible, de tal manera que pones a las personas un nombre general o etiqueta que las designe. Por ejemplo, cuando una mujer se cruza con un hombre tatuado por la noche y se cruza la calle porque "todos los tatuados son criminales", o cuando a un muchacho le dice el maestro que se quede después de clase y se ríe porque "todos los maestros son malos". También tendemos a tomar las etiquetas que otros nos han dado. Si no podemos terminar algo a tiempo es porque "soy un inútil". No hay palabras específicas para esta distorsión, pero si te das cuenta de que estás haciendo muchas generalizaciones o usando mucho el verbo ser (yo soy, tú eres, él es, nosotros somos, ustedes son y ellos son), entonces es momento de echar a andar nuestro pensamiento crítico y analizar nuestro diálogo interno.

- Maximizar lo peor o visión catastrófica

Ocurre cuando predices que las cosas ocurrirán de la peor manera posible para ti y sin base alguna. Uno de los momentos típicos en los que aparece este pensamiento es cuando estamos viendo el noticiero y cada una de las noticias terribles te provoca preguntarte "¿y si me pasa a mí?", y recrear en tu mente todo un escenario al respecto. Los más imaginativos incluso llegan a ver su funeral y las consecuencias de la investigación criminal. Justamente cuando te des cuenta de que estás pensando "¿y si tal cosa me pasara a mí?" es que estarás maximizando las cosas y siendo tremendista, cosa que es muy mala porque te puede provocar estrés o ansiedad sin que esté pasando realmente nada.

- Culpabilidad

Cada vez que te atribuyes la responsabilidad de algo solamente a ti, debería ser un foco rojo que te haga replantearte tus pensamientos. Normalmente estas auto acusaciones se hacen sin base alguna, simplemente porque tenemos el hábito de culparnos y nuestro cerebro se ha hecho adicto al estrés y la tristeza que nos provoca ese sentimiento. Además, el sentimiento de culpa no te lleva a cambiar tus hábitos para ya no cometer los errores que te imputas, sino que solo sirve para darle vueltas a la situación y regodearte en el sentimiento. Claro, la culpa no es algo que solo te otorgues a ti, en ocasiones atribuirás la responsabilidad a otra persona, aunque, de la misma manera, no tengas bases reales para hacerlo. Cuando captes pensamientos en donde culpas a alguien (es mi culpa, es su culpa, es culpa de...), es tiempo de respirar profundo y analizar esas ideas.

- Deberías

Cuando eres sumamente rígido con tus propias reglas y te exiges demasiado sobre todo lo que debes hacer, cualquier desvío del camino se siente como intolerable o insoportable. Al concentrarte en lo que "debería" ser y no en lo que es, sentirás la necesidad de aplicar las reglas sin importar el contexto. Por lo mismo, lo que te exijas a ti mismo se lo exigirás a los demás. Hay algunos ejemplos que podemos mostrar y que te darán la pauta por si eres de los que piensan así:

"Debería hacerme caso", un doctor al paciente que olvida su medicina.

"Deberías ser profesional", un trabajador a su compañero que llegó calzando tenis a la oficina.

"No debería haber hecho eso", una persona recriminándose a sí misma.

- Falacia de control

Ocurre cuando te ves a ti mismo con todo el control sobre los acontecimientos de tu vida, con una suerte de sentimiento de omnipotencia. Esta persona también puede creerse sumamente responsable de todo a su alrededor. Si cualquier cosa, por mínima que sea, rompe tu sensación de control, de que todo va justo como quieres, entonces la balanza te llevará a sentirte incompetente y sumamente impotente, o, en un giro, te puedes sentir totalmente controlado por alguien más. Si empiezas a pensar que tú tienes que hacer, vigilar, revisar y rellenar cada cosa en tu vida, deberías empezar por preguntarte por qué eso depende de ti.

- Falacia de justicia

Si no es algo que te beneficie de alguna manera, entonces es injusto, o al menos esa es tu visión de vida, en donde existen normas y criterios estrictos y todas las otras opiniones se descartan. Si no coincide con tus deseos, es injusto. Por ejemplo, si repruebas un examen entonces "es injusto que te hayan puesto todas mal", o si tus padres te regañan será "es injusto que sean tan malos conmigo". Es importante saber que valorar como justo o injusto es lo mismo que hacerlo en blanco y negro, estás obviando todos los tonos intermedios de gris.

- Falacia de cambio

Si crees que tu bienestar depende solamente de los actos y conductas de los demás o de circunstancias externas, entonces presupondrás que el cambio deben hacerlo los demás, nunca tú mismo, es decir, sales de la ecuación de la responsabilidad. El ejemplo típico es el del matrimonio con problemas en donde el esposo piensa que todo estaría mejor si su esposa cambiara, mientras que la esposa piensa lo mismo de él. Los cambios en tu vida solo dependen de ti, así que si te pescas pensando que todo sería mejor si cambiara tal cosa o a tal persona, entonces es tiempo de analizarte a fondo para que esta distorsión no logre limitarte.

- Falacia de la razón

Puede que estar siempre en lo correcto suene bastante bien como para estar en esta lista, pero la tendencia a probar que nosotros somos los que tenemos la razón frente a cada persona que disienta, sin importar los argumentos del otro, es una distorsión cognitiva muy conocida. Ambos interlocutores acabarán siempre molestos porque, eventualmente, uno notará que el otro solo quiere tener razón por la mera lucha de poder, la lucha por sobresalir, no porque la tenga. "Yo tengo la razón", "el otro siempre se equivoca", "yo siempre lo sé", son algunas de las frases que te indicarán en qué momento estás siendo simplemente obsesivo con el hecho de tener la razón.

- Falacia de recompensa divina

Ocurre cuando ignoras el asunto y esperas que las cosas mejoren con el tiempo, por ejemplo, que mágicamente un tío lejano muera y te herede toda su fortuna para dejar de ser pobre. Esta fórmula solo hará que la persona se sienta estresada o resentida al esperar algo que quizá nunca ocurra. Aunque es un ejemplo duro, muchas mujeres golpeadas permanecen en su casa con el pensamiento de que, si siguen haciendo lo mismo de siempre, quizá algún día su esposo cambie. Si movemos el rumbo al ambiente laboral, muchos trabajadores piensan que haciendo siempre lo mismo, eventualmente los subirán de categoría, sin ser para nada proactivos, por lo que suelen ver cómo otros trabajadores más jóvenes o recientes suben mientras ellos se quedan en la misma posición. Si piensas que todo mejorará en el futuro, pregúntate si estás haciendo algo para alcanzar esa mejora, porque, como dijimos antes, el cambio solo depende de ti, en todos los sentidos.

Como pueden ver en los ejemplos anteriores, estas distorsiones cognitivas no son excluyentes, así que hay situaciones en las que más de uno se encontrará paseando sobre las mismas ideas, por ejemplo, en un pensamiento como "nada me saldrá bien en esta vida, soy un inútil", tenemos una sobregeneralización junto a una probable personalización, además de la polarización clara al proclamarse inútil, con lo que también se está etiquetando y, a la vez, culpando. Por lo tanto, en una sola línea de pensamiento caben, al menos, cinco distorsiones, y eso sin contar con las que traiga consigo el tren de pensamiento entero o el diálogo interno en el que se esté inmerso.

Si reconocen alguno de estos comportamientos y se dan cuenta de que son los que están limitando de alguna manera su vida, la primera línea de contención es hacer una introspección, autoanalizarse y preguntarse siempre por qué, sin embargo, si esto no los libera de esa oscuridad en la que se encuentran, entonces, de nuevo, me sirvo recordar que consultar a un profesional nunca es mala idea.

La negatividad te atrapa en el miedo

El miedo, como pudimos leer en el pequeño epígrafe al principio de este subtema, es una emoción provocada, no se necesita ni siquiera saber qué lo provoca, porque depende de la percepción de cada ser. La percepción, como sabemos, es la forma en que el cerebro interpreta algo de primera intención, se manifiesta, más que con uso de razón, a través de los sentidos. Es así que la serpiente no temerá a un ratón porque lo percibe indefenso e incluso lo sabe comida, pero reaccionará de distinta manera con el águila, a veces paralizándose de terror o a veces ganando valor y contraatacando como pueda.

En general, el miedo es una sensación intensa provocada por la percepción de un peligro que puede ser real o imaginario, actual o un recuerdo, o incluso por no saber si hay o no un peligro. Es una emoción primigenia que ha avanzado con nosotros durante la evolución y nos ha ayudado a seguir avante en este mundo, en donde a veces estamos hasta arriba de la cadena alimenticia gracias a nuestra tecnología y a vivir en manada, pero a veces estamos en soledad y completamente vulnerables. Esta sensación o emoción, es una de las muchas cosas que comparten todos los animales, incluido el hombre.

En la edad de piedra, el miedo era muy necesario. Sentir miedo a la oscuridad nos mantenía alerta, estresados, ansiosos, listos para huir al primer sonido. El ser humano siempre ha sido un buen cazador, pero la luz del día fue, durante mucho tiempo, una necesidad para realizar todas esas labores, ante la oscuridad se presentaba lo desconocido y, en aquellas épocas, lo desconocido podría matarte.

Algo curioso de la evolución es cómo se han mantenido muchas cosas inmutables en el propio ser humano. Una de ellas es ese estrés, esa ansiedad; ambos se desprenden del miedo, pero ahora, sin una necesidad real de correr, lastiman nuestro cuerpo, pues estamos listos para defendernos o atacar, pero no tenemos la necesidad de hacerlo ni cómo sacar eso de nuestro cuerpo físico o psíquico. Más adelante nos encargaremos de describir bien estos derivados del miedo.

Mientras tanto, valga la pena explicar que existen dos reacciones que se dan ante el miedo, dos reacciones y, por tanto, dos tipos de seres humanos. Los primeros son a quienes el miedo los hace correr, avanzar, buscar cómo detener ese pánico que los invade, son quienes ejercen su don de razonar y lo hacen sobre su temor, y después, dependiendo de su conocimiento de mundo y de su creatividad, formulan una explicación lógica que les regresa la paz perdida y que les ofrece un hilo del cual tirar para averiguar todo lo que puedan al respecto, hasta tener control del asunto.

Creo que es así como debió evolucionar el pensamiento, desde el pensamiento mágico hasta el conocimiento científico. Es parte de lo que nos ha traído hasta el día de hoy y nos ha mostrado quiénes somos en el gran boceto de la naturaleza. Lo único que pudo hacer que estos seres humanos no sucumbieran, fue su pensamiento positivo, darse fuerzas para continuar a pesar del temor y el reconocimiento de que algo más les esperaba si lograban su cometido. Pero no todos son así.

El otro tipo de hombres en los que se divide el mundo es aquél en el que sus integrantes se paralizan tanto que apenas si pueden respirar. Son a quienes el terror carcome cada vez más y los vuelve esclavos de sus miedos. Actualmente, las personas subyugadas por miedos reales o imaginarios generan un estatismo y una apatía tremendos. Si un oso te ataca y desde el primer momento tu cerebro se da por vencido, si te dice: "puedes hacer lo que quieras, pero al final el oso te comerá, será muy doloroso y no podrás escapar", entonces desde el principio habrás perdido. La gente que se queda ida está detenida en su capacidad de toma de decisiones. No sabe qué hacer así que no hace nada. Suena ridículo, pero los buenos pensamientos y la meditación en realidad mantienen una mente ágil, lista para reaccionar en momentos de terror.

El pensamiento negativo e incluso las palabras negativas en general, producen un efecto de intimidación y temor en la persona, aunque sea ella misma la que se está hablando. Así es como nos programó nuestro entorno, pero no tenemos por qué dejarnos. La negatividad te atrapa en el miedo, pero ahora sabes que siempre es posible escapar.

Capítulo cinco:
¿Qué pasa con las preocupaciones?

El hombre juicioso sólo piensa en sus males cuando ello conduce a algo práctico; todos los demás momentos los dedica a otras cosas.

Bertrand Russell.

Antes de hablar de las preocupaciones, pongamos atención a lo que pueden provocar en nosotros:

La inquietud, en general, puede reconocerse como la falta de tranquilidad o el desasosiego. Esto quiere decir que no se tiene la capacidad de relajarse o enfocarse. Hay algo que genera esta agitación, ya sea un miedo o una preocupación. Esta puede irse formando poco a poco o aparecer de pronto y nadie sabe cuánto puede durar, eso depende completamente de la persona y su problemática. Cabe mencionar que, aunque la inquietud de la que hablamos se está tratando en general, también se puede sentir cuando hay algo en nuestro cuerpo que no funciona del todo bien. Revísate y, si es el caso, no olvides que el doctor es tu amigo. El mejor tratamiento para la inquietud sigue siendo el mismo desde que la Tierra es Tierra: duerme y come bien y mantente dentro de un ambiente relajado.

El estrés, sin embargo, es la respuesta fisiológica que tenemos al percibir un peligro, es decir, es la primera respuesta del miedo. Cuando el cerebro emite la alerta roja, el estrés permite que todo nuestro organismo se prepare para combatir. ¿Cómo lo hace? Sencillo, el cerebro genera una cantidad masiva de químicos que incrementa la capacidad del cuerpo para aguantar una actividad muy intensa, ya sea una lucha, cacería o huida. Es lo que nos pone en un verdadero estado de alerta, listos para la reacción que se requiera. Si volvemos a aquella edad de piedra, entonces es comprensible que todo tu cuerpo se preparara para la acción y luego desfogara toda esa tensión en ejercicio físico intenso; pero si te pasa porque te despertaste de golpe en el escritorio de tu oficina, entonces hay problemas.

Todo empieza cuando nuestro cerebro interpreta las cosas de manera extrema o equivocada. La respuesta de estrés incrementa naturalmente y de improviso la presión arterial, el metabolismo celular, las concentraciones sanguíneas de glucosa, la glucólisis y la fuerza muscular, la actividad mental, la capacidad de concentración, la coagulación en la sangre y el riego sanguíneo muscular; además, el riego sanguíneo se minimiza en los órganos que no van a ser inminentemente utilizados. Si no puedes desfogar esa energía del estrés en el momento, el subidón no desaparecerá enseguida, obligando al cuerpo a adaptarse, lo que puede desencadenar problemas permanentes con la presión arterial, cansancio crónico, ataques de agitación o inquietud, problemas con la habilidad de toma de decisiones, problemas para conciliar el sueño e, incluso, puede ocasionar un infarto y/o la muerte.

A diferencia del estrés, **la ansiedad** tiene menos oportunidades de dañarte físicamente, pero aún hay lugar para que el daño se abra camino. Esta respuesta fisiológica del sistema nervioso autónomo se puede manifestar de distintas maneras. La ansiedad es adaptativa, es decir, nos ayuda a dar un mejor rendimiento de nosotros mismos según la situación. Si tenemos una ponencia, es normal sentirse un poco ansioso antes de hacerlo, y es porque el cerebro aumenta el rendimiento y envía una señal, que sería ese nerviosismo tan característico. No es una enfermedad ni, en principio, pone en peligro tu cuerpo, pero esos nervios, esa incomodidad, puede ser debido a los mareos, el vértigo, sentirse aturdido, una sensación de pérdida de control, temblores, dolor de cabeza, opresión, dificultad para respirar, fuerte sudoración, palpitaciones, despersonalización, angustia, garganta seca y estómago revuelto, entre otras cosas.

Cuando la ansiedad se vuelve un problema es cuando existe un bloqueo nervioso que se conjunta con los síntomas del ansia, lo que, de seguir así, puede volverse un problema, una enfermedad como tal que se conoce como Trastorno de Ansiedad. Si volvemos al ejemplo anterior, una persona con este trastorno podría quedarse en blanco durante la ponencia y no poder avanzar en absoluto, lo que causaría un tremendo estrés que, combinado, podría suponer un grave problema, además de que la ansiedad se agudiza, provocando que los síntomas antes descritos (y que pueden aparecer como pies fríos, manos húmedas, manos temblorosas, dolor de cabeza, cansancio constante, problemas estomacales, problemas de sueño, fuerte sudoración o voz temblorosa) causen angustia. Si este es el caso, entonces hay que ir con un profesional.

En cuanto a **la preocupación**, es una acción que directamente genera una cierta inquietud o ansiedad, además de que suele producir una cantidad de angustia que puede ir de moderada a demasiada. La preocupación refiere a alguna situación que puede, o no, solucionarse. Hay diferentes dichos populares, según la región y el país, que avisan que no deberíamos preocuparnos por algo que no tiene solución, porque de todas formas no lograremos nada. Tenemos el argentino "hay que tomárselo con soda", en donde "soda" está aludiendo a tener calma. El dicho mexicano que sostiene que "para todo mal, mezcal; para todo bien, también", alude a que no tiene caso preocuparse si tiene o no solución, porque si la tiene se encontrará y si no, no tiene caso ni pensarlo. Un último dicho, esta vez colombiano, aunque todos tienen sus equivalentes en otras tierras, es el típico "come y bebe, que la vida es breve", el cual invita a reconocer lo bueno de la vida y olvidarse de los problemas del día a día.

Es normal que todos experimentemos preocupaciones a distintos niveles, sin embargo, cuando la preocupación se alarga y altera nuestro estilo de vida, es necesario pedir ayuda profesional, ya sea de un doctor en medicina o de un profesional de la mente, ya que hay diversas afecciones que pueden provocar este desorden. Hay que recordar siempre que toda preocupación surge porque tenemos ciertas pistas o ideas que nos hacen creer que algo negativo puede salir de un suceso o una decisión dada, y la mayoría de los que se preocupan antes de observar dichas pistas, no están necesariamente enfermos, sino que suelen ser personas previsoras que chocan de frente con cada acción que realizan.

Las preocupaciones son el origen de la inquietud, el estrés y la ansiedad, y todos los seres vivos las tenemos, pero esto no significa que deban afectar nuestra calidad de vida y por ello hay que saber en qué nos afectan.

Consecuencias físicas

Ya hemos comentado algunas de ellas mientras desvelábamos cada consecuencia de la preocupación. El momento en que la mente se dedica a obsesionarse con algo y la angustia se deriva de ello, disminuye tanto la productividad como la calidad de vida, es por eso que hay manifestaciones físicas como las siguientes:

1. Tensión muscular. Sobre todo se siente la tensión y el dolor en cuello y mandíbula, pero sus síntomas también se notan en dolores de cabeza, de espalda u hombros.

2. Cansancio crónico. La mente consume demasiada energía cuando se encuentra en estrés o en algún equivalente mental, por lo que se deriva la fatiga y la falta de ganas de realizar actividades.

3. Sistema inmune débil. Lo que ocurre es que todo tu organismo, en una situación así, se enfoca en el problema al que le estás dando vueltas, por lo que la energía se enfoca en los músculos y el cerebro, dejando de lado nuestro sistema de defensa, por lo que en ese momento tenemos más propensión a las infecciones, a las alergias o la gripe.

4. Pérdida del deseo sexual. Cuando un hombre está estresado, sus niveles de testosterona disminuyen, al igual que su producción de esperma, provocando disfunción eréctil o impotencia. Si es una mujer, se afecta el ciclo menstrual y los periodos son más largos o dolorosos.

5. Problemas en el sistema digestivo. Toda preocupación provoca acidez, reflujo, hinchazón o estreñimiento, así como falla en la absorción de nutrientes y problemas intestinales.

6. Alza en la glucosa. Como respuesta a ciertos problemas digestivos, el hígado produce un excedente de azúcar que llega al torrente sanguíneo, lo que eleva el riesgo de contraer diabetes.

7. Problemas respiratorios. Si ya padece uno de estos (como asma, enfisema o neumonía), puede que se recrudezca ante situaciones de ansiedad sostenida.

8. Hipertensión. El aumento de presión arterial ocurre cuando los vasos sanguíneos se contraen y desvían el oxígeno a los músculos, todo como respuesta a la inquietud que se tiene y al estrés que provoca.

9. Derrame cerebral. El aumento de presión puede interrumpir, bloquear o romper un vaso sanguíneo, evitando que el cerebro se oxigene y provocando un derrame.

10. Infarto. El aumento de presión también puede causar obstrucción hacia otros lugares como el corazón, probablemente con un coágulo, por lo que se evita que la sangre fluya y sucede un infarto.

Por supuesto que existen muchas otras enfermedades que, aunque no se asocian directamente con la preocupación permanente, sí empeoran con ella o contribuyen a otro tipo de problemas, pero el anterior es el listado de las más comunes.

Consecuencias mentales

Aunque preocuparse en exceso puede ser el detonante de un sinnúmero de problemáticas mentales, hay algunas que son las más conocidas y reconocidas como efecto de estrés o ansiedad, de ellas hablaremos aquí y ahora.

- Depresión

Probablemente sabes cómo funciona una depresión, es una de las enfermedades mentales que más se padece en nuestra actualidad, sin embargo, déjame explicarte algunas cosas al respecto. Digamos que te encuentras muy estresado, con todos los síntomas que eso conlleva. Aunado a todo lo que puede provocar una depresión, un cerebro estresado afecta la liberación de dopamina, la hormona del placer, por lo que la región del cerebro en donde se encuentra la sensación de recompensa, placer y motivación, no despierta, y todo deja de llamarnos la atención. Esta pérdida de interés en todo lo que sucede a nuestro alrededor suele durar unos tres meses y es un enorme detonador para la depresión clínica, que suele iniciar por razones muy variadas.

Desde luego, además de la situación hormonal, el problema que desate la depresión podría ser también el que desate la preocupación crónica en cualquiera de sus facetas, es por ello que una respuesta específica solo podrías obtenerla después de algunas citas con tu terapeuta. Hay que tomar en cuenta que la depresión no te mantiene todo el tiempo triste frente a los demás, algunas veces las personas pueden parecer perfectamente sanas y por dentro ser todo un desastre. Entre otras cosas, la depresión puede llevar al suicidio, así que, si conoces a alguien que ya no sonríe tanto como antes, duerme mucho y se está aislando de sus amigos y familia, probablemente esa persona necesita ayuda profesional. Si esa persona eres tú, habla con tu familia y contacta a tu médico, lo peor que puedes hacer es estar solo.

- Trastorno de ansiedad

Como todo, el estrés y la ansiedad no son malos, son respuestas normales de nuestro cuerpo, el problema aparece en el momento en que no podemos salir de ellos en un tiempo relativamente corto. Este trastorno se presenta con preocupaciones y miedos intensos, excesivos y persistentes sobre las cosas que ocurren en nuestro día a día, desatando ataques de pánico que interfieren con las actividades cotidianas y, por tanto, disminuyen la calidad de vida de la persona en cuestión. Existen varios tipos de ansiedad, aquí solo se enumerarán algunos:

1. Trastorno de ansiedad por enfermedad. Ocurre directamente por la ansiedad de un padecimiento físico.

2. Trastorno de ansiedad generalizada. Preocupación desproporcionada por todo tipo de asuntos, incluyendo algunos sin importancia.

3. Trastorno de pánico. Con ataques de pánico incluidos que llevan el terror de 0 a

100 en muy poco tiempo, ocasionando problemas de respiración, desesperación, palpitaciones y mucha ansiedad.

4. Mutismo selectivo. Incapacidad para hablar en ciertas situaciones estresantes. Ocurre sobre todo en infantes.

5. Trastorno de ansiedad social. Fuerte temor al rechazo en situaciones sociales por vergüenza o inseguridad.

6. Trastorno de ansiedad por sustancias. Ansiedad extrema o pánico debido al consumo de sustancias ilegales.

7. Fobias. Fuerte ansiedad, llegando al pánico, cuando la persona fóbica se enfrenta a la situación u objeto fuente de su fobia. Por ejemplo, la agorafobia, que provoca miedo a lugares abiertos en los que la persona se siente vulnerable.

Si estos problemas están interfiriendo de alguna manera en tu vida diaria, comunícate con alguien de confianza y cuéntale tus problemas, lo dije y lo repito: lo peor que puedes hacer es quedarte solo.

Consecuencias en tus acciones o hábitos

Iniciemos con la idea del **perfeccionismo**, ya que lo mencionamos en capítulos anteriores y es el ejemplo perfecto de lo que se hablará en este apartado. Antes, cuando mencionamos los efectos que tienen las palabras negativas en los niños, establecimos que la personalidad perfeccionista se forma desde la infancia, cuando los padres exigen a sus hijos más de lo que deberían y ellos comienzan a luchar por llegar a esas exigencias inalcanzables, hasta que las asimilan. La preocupación se establece desde el principio, porque el niño y, eventualmente, el adulto, se vuelven inseguros, se etiquetan como fracasados y al final buscan, tal vez de manera inconsciente, evadir lo que los hace sentir así, por lo que intentan darle la vuelta a ciertas responsabilidades o nunca pueden terminar las que aceptan. Se dice que los perfeccionistas no sueltan el estrés, y puede que sea así; lo cierto es que el cansancio siempre está presente en ellos y son intolerantes a equivocarse y, también, a que les hagan ver sus equivocaciones.

La <u>evasión</u> no solo ocurre con la personalidad perfeccionista, sino que es la forma más sencilla de evitar responsabilidades para todo el que prefiere alejarse de la presión y la preocupación. Uno de los ejemplos de evasión, cuyo nombre está en boca de todos últimamente, es la **procrastinación**, la cual no es otra cosa que un mal hábito que puede surgir, entre otras cosas, para evadir eso que te hace sentir ansias o estrés. Vale la pena aclarar que un hábito es una respuesta mecanizada a estímulos que ya interiorizamos, por lo que suele ser inconsciente. Nadie dice en serio a media oficina: "voy a procrastinar un rato", no, es algo que se hace casi sin darnos cuenta y, cuando finalmente entendemos que estamos retrasando voluntariamente una tarea o asignación, nos excusamos ante nosotros mismos.

La conformación de excusas cada vez más creíbles es parte del ser del procrastinador común. Sí, tengo que terminar este libro, pero primero debería limpiar la oficina para que el lugar donde trabaje no me distraiga. Ah, terminé de limpiar, ahora debería comer algo para no tener que interrumpirme después a medio párrafo. Uy, terminé de comer, pero seguro que es mejor que lave mis trastes y de una vez termino con todos los que están en el lavaplatos. Así, excusa tras excusa. No, el procrastinador no descansa, siempre está muy ocupado, pero, sobre todo, se ocupa en tareas que puede mecanizar y que no le requieren mucho pensar, todo para evadirse de esa actividad específica que, aunque esté haciendo otras cosas, sigue preocupándole y ocasionándole estrés y ansiedad, aunque no se dé cuenta.

Un punto más podría ser el **sobre análisis**, que ocurre cuando tienes una meta y en tu mente recreas mil formas de llegar a ella. El proceso de toma de decisiones, del que hablamos en el primer capítulo, puede darnos luz en este caso. Aunque para tomar una decisión necesitas tener frente a ti todas las opciones posibles, es mejor si de ellas eliges las mínimas, unas tres, y así podrás decantarte por una. Si tienes mil opciones, no sabrás qué hacer y, entonces, no harás nada, lo que, desde luego, incrementará la preocupación que, en primer lugar, te llevó a buscar tantas soluciones.

Consecuencias en el trabajo

Hay factores que pueden afectar sobremanera al trabajador común, por ejemplo, que le dejen toda la responsabilidad de un gran proyecto, lo que quiere decir que habrá un aumento significativo en su carga de trabajo y si a eso se le suma el trabajar en condiciones no aptas y ser tímido o tener problemas para socializar, entonces el estrés por tanta preocupación se hará presente de inmediato. Si aparte de tener estos problemas para socializar, entre tus compañeros hay gente negativa, entonces tendrás una carga extra de preocupación y ansiedad.

El estrés laboral es una afección bastante conocida que puede tener las consecuencias físicas y mentales que hemos descrito en los apartados anteriores de este mismo capítulo, tales como: enfermedades, problemas cognitivos, problemas sexuales, trastornos de ansiedad y otros problemas psicológicos. Sin embargo, hablando específicamente del espacio laboral, la institución observará una severa baja de productividad y una epidemia de ausentismo, por lo tanto, la calidad del resultado de ese trabajo disminuirá considerablemente.

Se sabe que es obligación de los directivos cuidar a sus trabajadores, aunque esto solo ocurre en ciertas empresas, algunas, como las maquilas o los famosos *call centers*, siguen siendo áreas de trabajo en donde una crisis de ansiedad puede ocurrir en cualquier momento.

Consecuencias en las relaciones

Somos seres sociables por naturaleza, nada puede contradecir este principio biológico y antropológico del ser humano, es por eso que damos tanta importancia a las relaciones interpersonales, ya sean de amistad o románticas e incluso respetamos a aquellos que llamamos "enemigos". Hay dos casos bien documentados en los que la preocupación crónica, en cualquiera de sus facetas, interactúa en las relaciones, ya sea que la relación provoque las preocupaciones, o que estas hagan mella en la relación.

Una relación es un proceso continuo de negociación, y entre más cercana sea ésta, mayor será la probabilidad de que se creen ciertas tensiones. No es gratuito que las madres digan que sus hijos van a sacarles "canas verdes", el estrés está muy presente en la crianza de un pequeño, aunque no siempre de mala manera. Estas situaciones en las que predomina alguna preocupación y tenemos respuestas inmediatas que no controlamos, nos dejan desvalidos frente a los problemas que se pueden crear. Es mejor tener una buena comunicación, incluso si lo que se tiene que comunicar no es bueno o alegre. La comunicación es la que ayudará a encontrar verdaderas soluciones a esos problemas que tanto pueden estresarte.

Uno de los principales causantes de preocupación en las relaciones es la incapacidad de comunicarse, lo que provocará que se vayan guardando ciertos resentimientos que, de dejarse como están, podrían ser los causantes de una separación total. La comunicación es la que resolverá los problemas y, al interactuar, podrás entender más a esa otra persona, sus sentimientos, su forma de pensar. Los problemas de percepción propia, como una baja autoestima, también pueden provocar ciertas rencillas. Aprender a conocer los disparadores y trabajar en el amor propio evitará consecuencias como la ruptura de un noviazgo o de una larga amistad.

En general, las consecuencias de una preocupación crónica dentro de una relación son las siguientes:

1. Diálogos internos y pensamientos llenos de negatividad

2. Reacciones de telenovela o muy dramáticas

3. Olvidar fechas, objetos o asuntos que son importantes para el otro

4. Respuestas automáticas para desquitar el coraje en el otro

5. Egoísmo inconsciente

6. Problemas de concentración

7. Problemas con la habilidad de toma de decisiones

8. Propensión a adicciones para evadirse de los problemas

9. Problemas en la actuación sexual si la relación es romántica o abierta

10. Necesidad de aislarse

11. Depresión

Aunque muchos aconsejan ciertos medicamentos para salir avante, lo mejor es consultar a un profesional al respecto, ya que los medicamentos pueden estar contraindicados si tienen alguna otra dolencia. Los problemas en las relaciones no son nuevos, pero la explosión del estrés y la ansiedad los llevan a nuevas alturas, solo mantente comunicado y recuerda que no estás solo.

Todas las inquietudes conducen al miedo

Esto no planea ser un subtema extenso, ya hemos hablado del miedo y lo que ocasiona, sin embargo, me parece importante recalcar que esta preocupación surge de un miedo a algo que todavía no pasa o se presenta, es decir, de una amenaza. Si vemos los ojos de un tigre al frente, nuestro miedo funciona preocupándonos, y nuestra preocupación nos estresa lo suficiente como para que nuestro cuerpo se prepare para la reacción que vayamos a tener. Sin embargo, hoy en día, y sobre todo en las ciudades, las amenazas son más bien imaginarias y nos estresamos por cosas tan simples como que falte tinta en la impresora. Sí, hay un miedo irracional que sigue ahí, profundamente incrustado en nosotros, y que nos limita cada vez que sobresale, pero es un miedo que no tiene razón de ser y hay que educarnos, entrenarnos, programarnos para no sentir ese temor por cualquier cosa.

La preocupación y el miedo producen un desgaste emocional que tarda mucho en alejarse. Este desgaste puede llevar, literalmente, al colapso a una relación, a que las partes integrantes no lo soporten más. El cansancio mental y físico estarán al máximo, además de la pesadez y una posible depresión. En este estado, cualquier cosa provocará miedo y el miedo aumentará la preocupación, agudizando todo lo demás y encerrando a la persona en un círculo vicioso del que será muy difícil escapar.

El miedo se hace presente en todos lados, es por eso que hay que aprender a controlarlo, porque no es posible ni justo que nuestra vida esté condicionada por esos miedos que a muchos no dejan vivir en paz. Paz. Eso es justo lo que necesitan quienes viven rodeados de miedo, paz, alegrías en su vida, amor y apoyo. Sabemos que no todos tienen familia, pero aun así nadie está solo, siempre hay alguien que anhela encontrar a otro alguien, aunque sea para platicar. El primer paso para salir del miedo es hacer las cosas a pesar del mismo.

Capítulo seis: Las ventajas de un buen diálogo interno

Para hacer del mundo un lugar mejor, empieza a ver el mundo como un lugar mejor.

Alan Cohen.

Ya hemos dejado claro que el pensamiento negativo tiene sus consecuencias y, aunado a las preocupaciones y a la gente negativa que pulula alrededor, puede desencadenar muchos demonios internos que no queremos ni conocer. El diálogo interno negativo se sostiene, por lo general, en una serie de distorsiones cognitivas de las que ya hablamos, y que sirven para desmotivar a las personas y generar preocupaciones y frustración.

Si en verdad queremos darle la vuelta a la hoja, entonces debemos hacer caso a esa voz interna que nos evoca pensamientos realistas mediante palabras agradables, motivadoras e incluso sanadoras; el pensamiento positivo se corresponde a un diálogo interno positivo que apoya al control de las emociones y nos permite tomar más y mejores decisiones para nuestra vida.

Ya hemos repasado las consecuencias del pensamiento y las palabras negativas, ahora pongamos en perspectiva las cosas y adentrémonos en las respuestas y la guía que puede otorgar un pensamiento positivo y propositivo, teniendo en cuenta que no se trata de vivir en una burbuja rosa, sino de enfrentar los problemas de la vida de una forma productiva.

Beneficios del pensamiento positivo

Tanto la ansiedad como el estrés traen consigo una fuerte carga de angustia que deriva en una mayor negatividad y más pensamientos de ese calibre, sin embargo, una vez que decidimos cambiar, podemos reducir seriamente las enfermedades que se provocan con la preocupación crónica.

Se ha hablado ampliamente de qué ocurre con las preocupaciones y qué provocan en el ser humano, pero cuando se inicia una depuración dentro del diálogo interno, entonces se potenciarán las emociones positivas y, por tanto, es muy probable que realices las siguientes acciones:

1. Hacer más ejercicio. Sucede que al animarte mentalmente, seguramente aumentarás la cantidad de ejercicio físico que realizas, lo que resultará beneficioso porque, como ya se explicó, las hormonas liberadas por la respuesta del estrés saldrán de nosotros después de que se lleve a cabo una fuerte acción física. Reducir el estrés, a su vez, conlleva una gran cantidad de beneficios, tales como un sistema cardiovascular más sano y un corazón más fuerte, un sistema inmunológico más alerta y listo para protegerte de las enfermedades, y, en suma, una calidad y esperanza de vida mayor que antes.

2. Dormir de forma más saludable. Si haces ejercicio por las mañanas, potenciarás tu día; si lo haces por la noche, caerás rendido en cama, pero tendrás un sueño de buena calidad y despertarás con el descanso que necesitabas, además, el dormir bien aumenta nuestra agilidad de mente y nuestra capacidad de toma de decisiones.

3. Alimentarte de forma saludable. Aunque puede que esto sea secundario, una persona que mantiene un pensamiento positivo se dará ánimos para ingerir buenos alimentos, lo que favorecerá su salud.

4. Evitar la evasión. Una persona positiva sabe que lo mejor es realizar las tareas que debe para no caer en el agujero de la desesperación y la ansiedad. Adiós a la procrastinación.

5. Aprender a decir que no. Tu cerebro no entenderá el no, pero todos los demás sí,

así que si estás escaso de tiempo o no puedes en ese momento, decir que no no va a matarte y sí aliviará cualquier tensión que pudiera presentarse. Tu pensamiento positivo podrá manejarlo.

6. Reír a carcajadas. Pasa tiempo con tus seres queridos y aprovecha para reír con ellos, la risa disminuye la respuesta al estrés mientras que relaja tus músculos, y los pensamientos positivos se potencian con la risa.

7. Tener confianza en ti mismo. La confianza se socava muy fácilmente, pero son los pensamientos negativos los que acaban por derrumbarla, construye una fuerte confianza con un diálogo interno positivo que te ayude a conformarla un paso a la vez.

Tan solo con un cambio de ánimo en nuestros pensamientos, el estrés y la ansiedad se reducirán sobremanera, sin contar con todas las demás cosas que podemos realizar para volvernos estables y controlar mejor nuestras respuestas fisiológicas.

Recomendaciones para pensar positivamente

Los expertos no se ponen de acuerdo en una guía específica, pero sí repiten ciertas recomendaciones que hemos compilado para ti:

1. Pregúntate si piensas positivamente. No es difícil encontrar un cuestionario de bienestar o pensamiento positivo tras pasar solo unos minutos navegando en la red, así que aprovecha e intenta utilizar los resultados de dicha experiencia para determinar si tu pensamiento es negativo o positivo, y en qué medida. Si quieres, puedes utilizar también el cuestionario del capítulo tres para determinar si eres una persona negativa. Puede parecer un paso un tanto trivial o tonto, pero lo cierto es que identificar si realmente existe un problema es, como se ha mencionado, el primer paso para poder empezar a

buscarle una solución. Ya sea que encuentres que no estás tan mal como pensabas, o que estás mucho peor, una vez que estés armado con esta información estarás en una mejor posición para trazar el camino a seguir.

2. Fortalece tu capacidad de recordar cosas positivas. El cerebro es un músculo más de tu cuerpo, y como tal, su efectividad depende de qué tanto lo hayas ejercitado. Esto es algo ampliamente conocido. Además de fortalecerlo con ejercicios generales, puedes entrenar a tu cerebro para pensar de manera más positiva simplemente memorizando ciertas palabras, lo que ocurre porque a tu cerebro le encanta la asociación, y si encuentra que estás pensando en palabras positivas con cierta frecuencia, debido a que las memorizas claro, entonces será más fácil que recuerdes dichas palabras en el futuro, haciendo que las mismas figuren más en

tus pensamientos en una suerte de círculo virtuoso. Gran progreso para haber simplemente memorizado algunas palabras.

3. Enfócate en lo positivo. Puede parecer redundante a estas alturas de la carrera, pero no está de más mencionarlo. A lo largo de nuestra vida pasan cosas desagradables y, a menudo, nos encontramos pensando en ellas más de lo que deberíamos, sobre todo si nos hemos condicionado para ello. Si eres de esas personas que ve lo malo de cada situación sin importar cuál, seguramente es porque, sin quererlo así, has acostumbrado o entrenado a tu cerebro para enfocarse única y exclusivamente en las cosas malas. Es un hábito difícil de deshacer, pero la buena noticia es que un perro viejo sí puede aprender nuevos trucos, y puedes entrenar a tu cerebro para enfocarse en lo bueno, no es tan complicado, solo

necesitas un poco de dedicación. Si piensas quejarte de lo mucho que costó tu hamburguesa, piensa en cambio en lo deliciosa que sabe y en que valió la pena el gasto, aunque sea por la anécdota. Si estás molesto porque alguien te canceló los planes de último minuto, piensa lo bien que te la vas a pasar tirado en el sofá viendo un poco de televisión sin tener que vestirte para salir (tal vez hasta ordenes una hamburguesa demasiado cara). Puede parecer un poco superficial, y ciertamente no es una fórmula mágica ni mucho menos, pero con el tiempo lograrás el cambio que necesitas.

4. Asegúrate de disfrutar de los buenos momentos. Es algo parecido al punto anterior, por supuesto, pero difiere en un aspecto clave. Una vez que hemos aprendido a enfocarnos en lo positivo y a no irnos por las ramas pensando en todo lo malo del mundo, aun así, puede ser que no

apreciemos lo suficiente las cosas buenas que ocurren a nuestro alrededor. Es bueno aprender a darle la vuelta a lo negativo, a sustituir los malos pensamientos por los buenos. Pero las cosas buenas no solo ocurren cuando necesitamos pensar en otra cosa para no enfadarnos, pasan todo el tiempo y es importante aprender a disfrutarlas como se merecen. Si un amigo te ha dado un regalo, aunque sea tan insignificante como una bolsa de papas, atesóralo. Piensa que es uno de muchos gestos que se han llevado a cabo a lo largo de su relación y que es una señal de que las cosas van bien entre los dos. Tal vez recuerdes otra ocasión en que tú le regalaste unas papas, o un momento divertido que ocurrió cuando ambos las comían. Sea como fuere, hay que aprender a no dejar estas cosas pasar sin pena ni gloria.

5. Practica la gratitud. De nuevo entramos en terreno familiar, pero cuando se trata de deshacerse del yugo de la negatividad, cualquier recurso es bienvenido. Lo cierto es que, si bien enfocarse en los buenos momentos y disfrutarlos es similar, no es lo mismo que la gratitud. La gratitud es una emoción sumamente positiva, es la sensación de ser totalmente afortunado por tener algo, o por haber recibido la ayuda de alguien, o por cualquier otra situación. Hay muchas cosas en la vida por las que podemos sentirnos agradecidos, desde el aire que respiramos hasta la cama en la que dormimos. Un recurso muy útil para practicar la gratitud es el llamado diario de gratitud, una técnica que puedes encontrar también entre los métodos del capítulo tres.

6. Entrénate para tener momentos positivos. Este es un punto que quizás parezca extraño al principio, pero tratare de

explicarlo con claridad. Cuando dos estímulos se presentan juntos repetidamente, como, por ejemplo, una comida familiar y una soda bien fría, nuestro cerebro tiende a confundir lo que cada uno nos hace sentir. De esta manera, la felicidad que sentimos al estar rodeados de nuestros familiares durante la hora de la comida se asocia con el refresco, y así resulta que cuando bebemos esa soda en particular nos sentimos amados. Con un poco de planeación y esfuerzo, puedes utilizar este mismo principio para programarte a ti mismo para sentir positividad espontánea. Simplemente asegúrate de combinar alguna actividad aburrida pero necesaria en tu día a día con algo que disfrutes, y tendrás pequeños momentos de positividad durante el día que pueden ayudarte a soportar los malos ratos.

7. Cultiva el buen humor. No es un chiste, el simple acto de reír puede llevar a tu cuerpo a secretar sustancias que te pongan de buen humor, es un fenómeno relacionado con el condicionamiento físico que ya se ha discutido tanto en el punto anterior como en el capítulo dos. Sin embargo, si bien forzarte a reír es un recurso que puedes utilizar a falta de algo más, lo ideal es la risa genuina. Mantén tu mente abierta al humor, aunque estés pasando por momentos duros. De hecho, en especial si estás pasando por momentos duros. Cuando la vida te está dando una golpiza y no puedes vislumbrar la luz al final del túnel, una buena risotada podría quitarle seriedad al asunto y recordarte que, al fin y al cabo, no siempre se puede estar en la cima.

8. Pasa el rato con personas positivas. Llegados a este punto del libro, realmente no hace falta ninguna explicación acerca

de esto. Ya hemos visto cómo las personas negativas pueden contagiar sus malos humores a otros, es la razón por la cual he hecho tanto énfasis en que te alejes de ellas. Pues bien, resulta que la positividad también es contagiosa y estar con una persona positiva puede ponerte de buen humor y aumentar tu autoestima. Tampoco es que debas volcar todas tus esperanzas de felicidad en otras personas, pero mientras intentas mejorar, rodearte de personas que te eleven en vez de arrastrarse al fondo debería serte muy útil.

9. No minimices tus éxitos. No lo hagas. Seré la primera persona en admitir que la humildad es una virtud muy importante que fomenta la perspectiva, la gratitud y la bondad, pero tampoco hay que irnos a los extremos. La mayoría de las personas tiene un muy mal hábito que involucra quitarse mérito por los logros que han conseguido, o simplemente no apreciar su propio

esfuerzo. Dirán que cualquiera pudo haberlo hecho, o tal vez que solo fue suerte, pero la verdad es que cualquier logro conlleva cierto talento y esfuerzo que es digno de ser reconocido. No hagas menos tus hazañas, date el crédito que mereces. Ya mencioné que hay que disfrutar los buenos momentos y esta no es la excepción, así que disfruta. Ya habrá tiempo de fingir modestia cuando estés frente a las cámaras.

10. No siempre te obligues a pensar positivamente. Después de todos los consejos que hemos discutido, seguro te parecerá extraño que ahora te diga que te límites al momento de aplicarlos. Es comprensible, pero permíteme explicarlo. La verdad es que por mucho que intentemos ver el lado bueno de las cosas, disfrutar los buenos momentos, tomarnos todo con humor y celebrar nuestras victorias, solo somos humanos, y en

nuestra vida ocurren cosas malas también. El duelo y la ira parecen ser cosas completamente negativas cuando las miramos de reojo, pero son recursos que nos sirven para procesar nuestras emociones durante momentos de pérdida y de gran sufrimiento. El estrés y la preocupación son mecanismos desarrollados originalmente para mantenernos con vida. Ignorar todo esto en aras de la positividad podría parecer una buena idea, pero una persona emocionalmente sana sabe que es imposible ser feliz todo el tiempo. No se queda atrapada en la pena y el dolor del pasado, pero siente lo que tiene que sentir en el momento y luego sigue avanzando. No inventa temores ficticios con los que mantenerse despierta por las noches, pero se mantiene alerta cuando el peligro es real. Pensar positivamente es un recurso maravilloso que te permitirá mejorar tu calidad de vida y tus relaciones interpersonales, pero, ante todo, recuerda que las emociones, tanto buenas como malas, son parte de lo que es el ser humano. La vida es un carnaval, y las penas se van bailando, pero solo cuando las has procesado y estás listo para dejarlas ir.

Capítulo siete:

La honestidad es tu mejor amiga

Todos somos viajeros en el desierto de este mundo, y lo mejor que podemos encontrar en nuestros viajes es un amigo honesto.

Robert Louis Stevenson.

Una vez que aprehendimos y aprendimos las ventajas que tiene el diálogo interno positivo, hay algo más que deberíamos traer a colación, y esto es el hecho de que estamos sobreentendiendo que quien quiere volverse más positivo está siendo honesto. No hay razón para mentirnos, porque no vamos a engañar a nadie y porque engañarnos a nosotros mismos siempre será contraproducente. La mentira no se volverá real porque los hechos seguirán inalterables y esto solo nos provocará una gran preocupación y pensamientos negativos limitantes. Es mejor enfrentarnos a nuestras verdades y, desde ahí, buscar las soluciones. Ser honesto, sin duda, es lo mejor que se puede hacer para alejarse de la negatividad de nuestra vida e iniciar de nuevo a la luz del cambio.

Por ahora, centremos nuestra atención en qué es la honestidad y, de considerarlo necesario, cómo tienes que empezar para cultivarla. No te estoy llamando deshonesto en absoluto, pero solemos engañarnos a nosotros mismos con más frecuencia de la que nos gustaría y, en vista de que lees este libro, supongo que buscas un cambio de paradigma y de frecuencia, para eso se necesita ser brutalmente honesto, al menos contigo mismo.

La honestidad

Sus sinónimos más conocidos son honradez y decencia, y su nombre refiere a una virtud humana que conjunta el amor a la justicia y el amor a la verdad. Es probable que por ellos se espere que las personas honestas sean justas, digan la verdad ante todo, sean amables y no tengan segundas intenciones al realizar sus acciones. En general, la honestidad es una correlación coherente entre lo que se dice y lo que se hace. Y el no cambiar de ideas por conveniencia o afinidad con los demás.

Mientras que la deshonestidad se equipara directamente a la mentira, la hipocresía, la corrupción, el delito y la falta de ética, muchos filósofos y pensadores valoraron la honestidad como una gran virtud humana, por lo que la enorme mayoría de códigos de conducta propuestos para regir a los hombres en sociedad la incluyen, a veces atribuyéndola directamente a alguna deidad, por lo que su incumplimiento tenía castigos muy importantes.

Nadie se ha puesto de acuerdo aún sobre si la honestidad es un rasgo que todos poseemos de nacimiento, o si es una convención que hemos creado en nuestro largo camino de vivir en sociedad. Sea como fuere, la honestidad está fuertemente ligada con la sinceridad, la integridad y el respeto. También es conocida esa frase que nos asegura que, como la verdad, la honestidad nunca puede ser total, puesto que depende del contexto y de los sujetos involucrados, lo que dificulta sobremanera el hacer mediciones exactas de los parámetros morales que se comparten. Puede que a lo que tú accedas como prueba de honestidad, para mí sea inaceptable.

Un ejemplo algo controvertido puede ser con las personas trans. Una mujer trans puede decir que es mujer con toda la honestidad del mundo, pero no será una proclama sincera para quienes exclaman que en realidad es hombre porque nació con un falo. Este es un tema en el que no voy a ahondar, pero que deja en claro que todo depende del cristal con que se mire al mundo.

Aunque se puede decir que un individuo también es honesto consigo mismo cuando se ha autoreconocido (como pudimos ver en el tercer capítulo), analizado y se mantiene coherente entre su hacer y su sistema de creencias, lo cierto es que el concepto de honestidad nunca se queda quieto, es variable y a veces desaparece. Además, como somos sujetos, nuestra subjetividad entra en juego en todo momento, no es posible que seamos totalmente objetivos porque simplemente percibimos lo que tenemos alrededor, somos seres de percepciones, no de lectura de hechos.

La honestidad, sin embargo, siempre ha sido piedra angular del método científico, en donde las observaciones deben ser anotadas con enorme tiento para que después el experimento pueda ser replicado. Pero sabemos que el debate por la objetividad, incluso en el ámbito científico, está en pugna.

Sin embargo, y pese a nuestra supuesta incapacidad de la objetividad, la honestidad sigue siendo el mejor camino para acercarnos a las metas de este libro.

La autodecepción

Empecemos por poner a la decepción sobre la mesa, que es ese sentimiento de pesar, tristeza o zozobra que nos causa el darnos cuenta de un engaño o una verdad a medias, aunque específicamente cuando la mentira proviene de alguien en quien hemos depositado toda nuestra confianza, además, si la relación con esa persona es cercana, el golpe provocado por la decepción será más fuerte y el cambio provocado en nuestros sentimientos tendrá un sesgo negativo por un buen tiempo, tal vez para siempre, ya que la confianza es difícil de reconstruir.

A veces también nosotros mismos depositamos nuestra fe en nosotros para conseguir algo o llegar a una meta, y cuando fallamos nos sentimos defraudados y completamente decepcionados, solo que la persona contra quien me siento mal soy yo mismo, por lo que también cambiará el modo en que me observo, seré un inútil o un fracasado durante un tiempo y, a veces, hasta sentiré pena por mi situación. A este sentimiento se le llama autodecepción.

Hay ciertas cosas que la autodecepción va socavando, como nuestra confianza y nuestra autoestima. Claro que siempre se puede aprender de los errores, pero la sensación que viene con la decepción nubla nuestras capacidades.

El verdadero problema surge cuando nos decepcionamos tantas veces a nosotros mismos, que asumimos que en realidad no valemos nada, por lo que no deberíamos ni siquiera intentarlo. Uno de los grandes limitadores, además del miedo y el pensamiento negativo, es precisamente la autodecepción, ya que potencia el miedo al fracaso y, por tanto, ralentiza o detiene por completo la capacidad de toma de decisiones. Es una parálisis de miedo, porque es el miedo el que nos retiene cuando nos decepcionamos, específicamente, de nosotros mismos.

Para escapar de este problema, lo primero que debes hacer es un autoreconocimiento en el que comprendas por qué fallaste y, sobre todo, por qué no es tu culpa. Para lograr este primer paso, la honestidad es el detalle que no puede faltar.

El segundo paso es salir de tu zona de confort. Atreverte a intentarlo de nuevo. Decide hacerlo. Después tienes que actuar sabiendo que puedes fallar en cualquier momento, pero que tienes el permiso de equivocarte las veces que sea necesario.

Mentiras y disonancia cognitiva

Somos seres de percepciones, y es con ellas con las que pintamos un mundo a nuestro alrededor, sin embargo, eso no quiere decir que nuestra percepción sea objetiva, el tamiz por el que pasa es muy grande como para no considerarse un sesgo. Aún más importante, la imagen que menos tenemos en claro es la propia, es decir, no estamos conscientes de quiénes somos y cómo nos llegamos a sentir en diversos momentos o situaciones; por eso no es de sorprenderse que muchas veces sean otros los que nos comprendan mejor que nosotros mismos, nuestra visión sesgada no nos permite entender al cien por ciento muchas cosas, por lo que la información que tenemos sobre nosotros mismos nunca es del todo fiable.

¿Por qué ocurre esto? ¿Por qué no queremos conocernos a fondo y caemos en mentirnos? Para comprenderlo es necesario explicar qué es una disonancia cognitiva. Este término apareció a finales de los años 50, cuando Festinger lo detalla, explicando cómo las personas necesitamos asegurar que nuestras creencias y actitudes (nuestro ser y hacer) tengan cierta coherencia. Cuando esta coherencia comienza a tambalear es cuando comienzan los problemas.

Si tienes una creencia preconcebida y después te enfrentas a una nueva creencia que tiene validez y lógica para ti, al igual que la anterior, entonces tienes dos puntos de vista enfrentados, contradictorios, incompatibles y, aun así, ahí están, creando un malestar que pocas veces has sentido. Para evitar esta sensación, solemos engañarnos a nosotros mismos de diversas maneras. Normalmente, para zafarse de la disonancia cognitiva, inconscientemente solemos ignorar por completo una de las ideas, aunque, en nuestro cerebro, ésta espera latente.

Otra razón del autoengaño, y regresando a uno de los ejemplos que ya se exploraron en el libro, se vería en el hecho de que una pareja dependiente se mantendrá junta por mucho tiempo, si no es que para siempre, porque la parte dependiente siempre encontrará formas de justificar la terrible dinámica de pareja que tiene. Es más sencillo engañarse que caer en cuenta de que la verdad es que esa persona decidió aguantar maltratos por su propia voluntad. Si se revelara la verdad, esa persona quedaría tan mal parada que su autoimagen y su estima se derrumbarían totalmente, aunque, por otra parte, sería una buena oportunidad de reconstruirse sin depender de nadie más.

Otra forma de autoengaño que además es muy común y se utiliza para protegernos es que, mientras todos alrededor nos pueden estar señalando que hemos caído en algún problema, nosotros pensamos que nuestra situación es única y diferente, y que, por lo tanto, no se rige por las mismas reglas que las de ellos, así que nos aseguramos firmemente que todo está bien. Un ejemplo claro son los adictos, ellos han visto cómo mucha gente sufre por alejarse del vicio, pero se defienden diciendo que cuando quieran pueden dejarlo. El autoengaño mantiene, en cierta manera, el *status quo* a nuestro alrededor.

El autoengaño se maneja casi siempre de forma inconsciente y para cosas tan dispares como evadir algo muy doloroso (como cuando una madre no acepta que su hijo ha muerto) o para satisfacer nuestra necesidad de tener siempre la razón y salirnos con la nuestra, aunque sea de manera mínima (como cuando luchamos para tener la última palabra, aunque ésta sea solo una tontería).

Una honesta felicidad

La honestidad se nota, porque las mentiras tarde o temprano se descubren, pero una persona que responde de forma honesta y sin segundas intenciones siempre se reconoce. Además, es muy cierto que la comunicación interpersonal debe tener una parte de confianza, por ello la mejor comunicación, una en donde el mensaje sí llega hasta donde se requiere, se lleva a cabo con una persona que no miente, o al menos que no lo hace adrede.

La falta de honestidad es, sin duda, una gran causa en los problemas de parejas, sobre todo porque, si siempre se mienten, finalmente ambos se cansarán y la comunicación cesará por completo, y esa es la muerte en las relaciones. Una comunicación real siempre va a necesitar una parte de verdad y otra parte de confianza, si no, no existe. Sin embargo, aunque una comunicación exitosa no siempre es motivo de alegría, siempre deja un aporte para nuestra felicidad.

En algún lugar escuché que lo que tienen en común las personas que engañan es que inician engañándose a sí mismos, es decir, primero se convencen ellos y luego a los demás. Esto podría tener un lado positivo si se aplicara el famoso dicho americano *fake it until you make it* ("fíngelo hasta que lo logres"), sin embargo, la mayoría no inicia las mentiras de forma consciente y no busca aprovecharlas positivamente, sino en algún beneficio egoísta.

La honestidad, sin embargo, te quita pesos de encima que no sabías que llevabas cargando. Por ejemplo, si una persona es honesta consigo misma y acepta que detesta su trabajo, puede dedicarse a buscar otro que le satisfaga más, lo cual le hará sentirse más ligera, y, al momento de renunciar, probablemente sienta felicidad. Desde luego que surgirán muchas razones para no abandonar un empleo seguro, pero ser honesto requiere valentía y acción. Para ser honesto tienes que saber escucharte y aceptar tus deseos. Para ser felices hay que buscar soluciones, no excusas.

Cuando aprendemos a decirnos la verdad, es más sencillo decirle la verdad a los demás y, las personas, al ver que alguien es honesto con ellos, suelen regresar la honestidad, es una respuesta básica con la que podemos contar y que nos traerá un poquito más de alegría a nuestra vida libre de presiones por mentiras que penden de un hilo.

En general, las personas honestas tienen una mejor calidad de sueño, aguantan mejor las opiniones negativas de la gente, toman las críticas como se debe: de quien vienen, no tienen que rendirle cuentas a nadie, no fingen para encajar en un círculo social y tienen una fuerte confianza y una gran cantidad de amor propio. Todo lo anterior es un gran abono a los momentos de felicidad en tu vida.

La felicidad

Si aún no entiendes cómo te hará sentir feliz el ser honesto, quizá tiene más que ver con la naturaleza de la felicidad que con tu confusión. La felicidad no es permanente, cada vez que eres honesto y te sientes liviano, abres una oportunidad para que algo que te haga feliz llegue hasta ti, lo cual no es poco. Hablemos de ello un poco más.

La felicidad es otra cosa que tienen en común todos los animales en este planeta (nosotros incluidos), y tiene que ver con un sentimiento pasajero de completo bienestar y satisfacción. La felicidad es un estado de ánimo que hay que mantener lo más que se pueda porque, como cualquier estado de ánimo, es muy cambiante.

Es cuando alcanzamos alguna meta, cuando terminamos algún proyecto, ya sea laboral o de vida, que sentimos felicidad. No me refiero solo a las metas grandilocuentes, sino a las cosas que se realizan en el día a día, por lo que cada día podemos ser felices y, al serlo, adquirimos la capacidad de estar tranquilos y mantenernos estables anímicamente, pues se crea un equilibrio emocional.

Además, fuera de lo que se dice popularmente, los objetos materiales sí pueden producir felicidad cuando el objetivo a cumplir es obtenerlos o crearlos. Lo mismo con el dinero, que muchos aseguran que no da la felicidad, pero para quienes no tienen las cosas más básicas para vivir con dignidad, algo de dinero les provocaría una enorme mejoría en su estado de ánimo.

¿Cómo volverte más honesto?

Hay una historia que suelen contar los maestros y los padres a sus hijos. Suele tener variantes, pero en general se respeta el argumento básico, permíteme contarlo:

En la antigua China, el príncipe heredero debe casarse para asumir el trono, por lo que trazó un plan para probar a las doncellas casaderas, las convocó a todas y entonces depositó en cada mano una pequeña semilla. Las instrucciones fueron reencontrarse ahí mismo en seis meses y quien llevara la flor más bella sería su futura emperatriz.

Una de las muchachas que se había presentado era pobre y no tenía nada que ofrecer, pero estaba muy enamorada del príncipe, así que fue a la reunión como doncella casadera que era y luego volvió emocionada a su casa, porque también era muy buena con las plantas. Pero el tiempo pasó y, sin una flor que naciera de aquella semilla, decidió regresar a palacio solamente para verlo de nuevo.

A los seis meses todas llegaron con flores bellísimas de todo tipo. La muchacha observó la semilla en su mano y sintió vergüenza, hasta el momento en que el príncipe la tomó de la mano y declaró que se casaría con ella. El plan fue otorgar semillas estériles a todas y casarse con aquella cuya virtud la hiciera honesta, porque la flor más bella sería la de la honestidad.

En algunas historias, los personajes cambian por un salón de clases y el maestro otorgando las semillas. En ese escenario, el chico pobre y relegado es el que lleva la semillita y gana un viaje. Como pueden observar, el argumento es el mismo y la supremacía de la honestidad como virtud permanece.

Como hemos visto, la honestidad no depende de la voluntad porque muchas veces nos mentimos sin siquiera darnos cuenta. No, la honestidad se puede practicar y volver un hábito que nos recompensará con sus beneficios. Aquí les dejaré algunas recomendaciones para mejorar en esto de ser honestos.

1. Evita las mentiras blancas. Los elogios que se dicen por cortesía o las excusas que se dan tienen que ir saliendo de tu organismo.

2. Evita las medias verdades. La claridad será tu amiga para que la honestidad se instale en tu vida, además, a ti no te gustaría que no te dijeran toda la verdad de las cosas.

3. Cada noche revisa tus conversaciones mentalmente y date cuenta de cuántas veces mentiste, para que lleves un recuento claro, escríbelas en un diario o libreta específica y cada día intenta mentir menos que el anterior.

4. En otra hoja de tu diario, describe cómo te sientes al practicar la honestidad y evalúa si tus creencias son coherentes con tu actuar, si las has modificado o si aún te estás mintiendo. La escritura ayuda a cristalizar los pensamientos y así, después, llevarlos a la acción.

5. Evita las situaciones en las que tengas que mentir por otros. Aunque abogamos porque te presentes de frente ante las situaciones, quizá sea mejor alejarse de aquellas en las que se requiere una mentira o una traición.

6. Practica hablar con tacto o políticamente frente al espejo. Si eres brutalmente honesto, probablemente te quedes sin amigos.

7. Si decir la verdad puede costarte algo importante, el silencio siempre es una opción, hay que saber reconocer los límites.

8. Mantente alerta ante tus disparadores emocionales. Ya hablamos de ellos en el tercer capítulo, pero es bueno recordar que son aquellos mensajes que provocan una reacción inmediata y visceral en nosotros. Algunos de estos disparadores podrían hacernos mentir, así que hay que mantenerse alerta.

9. Admite tus errores y aprende de ellos. De vez en cuando revisa el diario que llevas y analiza lo que has dejado de hacer y lo que sigues repitiendo. No te juzgues duramente, simplemente analiza por qué ocurre y haz los cambios necesarios.

10. Pide retroalimentación. Seguramente tu familia o tus amigos cercanos han notado el cambio, pregunta sin miedo y acepta las críticas constructivas.

11. Si ya llevas una lista agradeciendo las cosas buenas de tu vida, continúa con eso, nunca olvides que tienes mucho y que vales mucho.

Desde luego, esta lista de recomendaciones está supeditada a que se cumpla el paso número cero, que es el de ser honesto con uno mismo, de ahí es de donde hay que partir, para ello hay que empezar por hacer un trabajo de aceptación en el que comprendamos que no somos perfectos y que los muchos defectos que tenemos son los que nos hacen una persona única, por ello podremos desprendernos de algunos, pero no de todos. En todo caso, lo más sencillo es admitir que no somos perfectos y que estamos conformes así, como somos, solo con esto nuestra vida dará un enorme cambio.

Capítulo ocho:

Mejora tu vida un día a la vez

La vida no es un problema a ser resuelto, es una realidad a experimentar.

Søren Kierkegaard.

Como has notado, en este libro no se te han dado recetas de cocina que prometen que mejorarás en segundos, no. La vida de cada individuo es sumamente compleja como para hacerlo y lo que me interesa es mostrarte que todo es posible, siempre y cuando te decidas y entiendas que no es sencillo cambiar nuestro tren de pensamiento, nuestro ambiente negativo, ni dejar de lado nuestras dudas y abrazar por completo la honestidad, sin embargo, pese a la dificultad, quiero que sepas que vale completamente la pena. No solo tendrás una visión más clara del mundo que te rodea, sino que lograrás una autonomía inusitada y una buena salud física, con lo que la felicidad llegará en oleadas.

Y sí, la vida es compleja y no cualquiera puede hacer cambios de buenas a primeras, pero hay que establecer tiempos y metas para lograr lo que se necesita, un día a la vez. Hay que ser capaces de probar estrategias y cambiar rutinas hasta que encontremos aquello que va con nosotros y que nos motiva a seguir adelante, recordando siempre que los grandes cambios comienzan con pasos pequeños y que la enorme montaña primero fue una pequeña roca.

Así que no, no tendrás un cambio increíble después de que diga "abracadabra, este libro ha terminado", pero sí tendrás una estrategia, diversos métodos y varias recomendaciones que puedes implementar en las diferentes situaciones por las que te lleve tu vida. Tampoco creas que vas a lograr lo que quieres sin arriesgar absolutamente nada, a veces hay que dar un salto de fe o hacer sacrificios. No, no suena lindo, pero todo se puede en esta vida y todo tiene solución excepto la muerte, así que mientras tengas vida, sal a tomarla por los cuernos, yo haré lo posible por ayudarte desde aquí.

Cuestión de tiempo

Una de las cosas que evitan que lleguemos a las metas que anhelamos es que no tenemos una buena gestión de nuestro tiempo. Es decir, puede que incluso usemos la agenda digital, pero, como la mayoría, normalmente no lo hacemos. Ahora hablaremos justamente sobre la gestión de tiempo y cómo puede ayudarte en este cambio que quieres hacer. Un diálogo interior positivo te pondrá en el humor necesario para realizar los cambios en tu agenda y, sobre todo, te animará a cumplirlos.

Lo más importante es que no olvides que todo ser vivo necesita tiempo consigo mismo y para sí, así que en tu agenda debes anotar los tiempos que son de ocio o las actividades propias del ocio que planees realizar. Lo mejor es planificar con un día de adelanto, de ese modo sabrás qué es lo que tienes que hacer y los impulsos no le ganarán a tus decisiones. Lo importante es que te quede bien claro lo que debes hacer durante el día y cuánto tiempo debes dedicarle a cada tarea. Un dato curioso que no hay que olvidar es que tienes que agendar también el momento del día en que realizas la planeación del día siguiente. Si eres una persona más organizada que sabe lo que va a hacer durante varios días, también puedes hacer la planeación por semana.

Sería bueno que crearas un ritual para iniciar tu día. Tengo una amiga que inicia con un baño y un café, después hace el saludo al sol (yoga) y entonces puede iniciar su día. Durante el libro hubo diversas recomendaciones sobre qué hacer al despertar, deberías incorporar alguna de ellas a tu propio ritual, sin olvidar que el ejercicio es muy importante porque hace que generes las hormonas del bienestar y la felicidad, lo que mejorará tu día sobremanera. Si corres por la mañana o haces estiramientos, todo eso agrégalo a tu ritual matutino. ¿Por qué se llama ritual? Porque es una serie de acciones destinadas a que quien las realiza se sienta mejor consigo mismo y listo para iniciar su día.

Establece prioridades en las actividades que debes realizar. Puedes acomodarlas según su prioridad, hazlo de manera física, donde puedas ver la lista, de esa manera tu cerebro podrá enfocarse de forma más sencilla.

Los distractores también son nuestro némesis, es decir, son muy necesarios para mantenernos conectados con gente lejana, informarnos e incluso pasar el tiempo de ocio, pero evítalos en tu tiempo de trabajo, meditación o cualquier otro momento inapropiado. Estos distractores pueden ser personas, cosas y, actualmente, los mayores distractores son nuestros dispositivos electrónicos con entrada a Internet. Las personas juran que solo les tomará diez minutos revisar sus redes para luego darse cuenta de que han pasado dos horas inmersos en ellas. Son peligrosos porque nos roban el tiempo destinado a otras cosas, simplemente hay que ser cuidadosos.

Evita la procrastinación y el perfeccionismo. Sé que ya lo he mencionado en diversas ocasiones, pero estas dos evasiones nos alejan de nuestra meta y no es lo que perseguimos en este momento, mucho menos caer en el estrés o la ansiedad, así que alejémonos de ellos, porque perderse en los detalles es casi lo mismo que perderse en las redes sociales, totalmente improductivo.

Ahora, ya que hablamos de lo que nos hace perder tiempo, debes entender que hay que tener los pies en la tierra y ponerte plazos que puedas cumplir. No vas a terminar cincuenta registros en un día, así que sé realista y piensa tranquilamente cuántos podrías hacer sin acabar completamente estresada. Además, si eres parte de un equipo de trabajo o estás realizando algo con tus amigos, aprende a delegar, no tienes que hacerlo todo tú.

Otro tip que dejaré aquí entremezclado es la importancia de darte algún gusto cuando terminas algo o tienes un avance significativo.

Premiarte por un trabajo bien hecho siempre es una buena idea y un buen incentivo para que sigas así. Además, influyes y generas pensamientos positivos.

Si eres un trabajador de los que tienen que estar horas y horas en la oficina, no te claves en el trabajo, está muy estudiado que eres más productivo si cada hora tomas un pequeño descanso para estirar las piernas, respirar aire fresco y oxigenar tu cerebro. Tampoco es buena idea reducir las horas de sueño si tienes que entregar algo, ya que estarás menos centrado al día siguiente y avanzarás más lento.

Mantén limpio y organizado tu lugar de trabajo. Será muy difícil que encuentres algo rápida y eficazmente si no sabes en dónde está, así que trata de ordenar y tener consciencia de en dónde se encuentran todas las cosas. Además, una zona de trabajo limpia acarrea menos distracciones que una en donde parece que acaba de haber una guerra.

No hagas *multitask*, ni siquiera lo intentes. Si bien es cierto que podemos manejar las multitareas, esto disminuye nuestra calidad en todas ellas. Es mejor concentrarse en una cosa a la vez y así evitas inquietudes de más.

Cuida tu alimentación, ya que comer muy pesado hace que nos sintamos adormilados y que no podamos centrar la atención durante un par de horas. También aprovecha para agendar un momento diario de meditación, más adelante te daré ejemplos de cómo realizarla.

Como te dije, estos son comentarios y recomendaciones que puedes acoplar a los métodos y tips que ya has visto a lo largo del libro y que, sin duda, te ayudarán a crear el cambio que quieres, todo esto con el soporte de un pensamiento positivo que te empodere y te haga salir adelante.

Cambio de hábitos

Los hábitos son conductas que se repiten regularmente. Nosotros tenemos ciertos hábitos que hemos ido desarrollando a lo largo de nuestra historia de vida, pero también podemos adquirir hábitos nuevos y se dice que para que una conducta quede marcada en la memoria solo necesitas realizarla diariamente durante dos meses, pero es simplemente tu voluntad de seguir por ese camino lo que hará que en realidad mantengas los buenos hábitos.

Estas conductas repetidas, que suelen no ser saludables, aparecen poco a poco, con pequeñas decisiones y acciones que se acumulan hasta afectar tu calidad de vida. De la misma manera, la forma de cambiar para bien estas acciones es hacerlo tan poco a poco que llegues a engañar a tu propia percepción.

Hay hábitos que probablemente debes madurar obligándote a realizarlos una y otra vez, por ejemplo, realizar comidas sanas y hacer ejercicio, aunque también establecer tu ritual matutino y, lo que siempre dicen en los comerciales de agua embotellada, intenta beber de dos a tres litros de agua diariamente. A veces no lo notas, pero tu cerebro se deshidrata muy rápido, por lo que varios vasos pequeños a lo largo del día evitarán que tengas problemas de concentración y dolores de cabeza.

Quizá no seas de los que no para de hablar, pero siempre es bueno detenerse y no solo interactuar con los otros, sino realmente escuchar con atención y empatía. Usa tus ojos y tu gestualidad corporal para interactuar, no siempre tienes que robar la palabra para responder, a veces una mirada puede ser la respuesta más genuina que se obtenga.

Enseña con el ejemplo. Un buen hábito sería acostumbrarte a presumir solo de lo que posees, no de lo que anhelas o lo que nunca has tenido. Además, es buena idea seguir la regla de oro (no, no es que el que tiene el oro hace las reglas): trata a los demás como desearías ser tratado. Es decir, enseña con el ejemplo. Con esto en mente podrás practicar tu cortesía básica, amabilidad, compasión, bondad, generosidad, amor y respeto con los otros.

Ríe, haz de la risa un buen hábito que te acompañe siempre. Ya hablamos en el capítulo dos y en el seis de algunos beneficios de la risa y no nos cansamos de recordarte que la familia y los amigos nos hacen mucho bien y, si nosotros los hacemos reír, también les regresamos la bondad recibida.

Un trabajo ideal

Aunque no lo creas, uno de los grandes pesos que carga la gente es que odia su trabajo con todo su ser. Cuando estás en medio de la planeación de tu vida, no es extraño que lo primero que surja sea la necesidad de dejar ese lugar, sin embargo, de nada sirve que salgas de un lado para entrar en otro que, por la premura o la emoción, no investigaste y termines odiándolo de nuevo. No, estamos dejando atrás esas emociones negativas, por lo que la respuesta es otra. La idea no es investigar tu nuevo trabajo, la idea es investigarte a ti.

Recuerda que pasarás más de la mitad de tu tiempo en tu zona de trabajo, por lo que debes elegir un buen lugar, y realizar algo que te apasione. Ten en cuenta que será dificilísimo encontrar exactamente el trabajo que quieres, pero si buscas lo suficiente, hallarás un lugar que te dé la bienvenida tanto como tú se la darás.

Ahora, el ejercicio es el siguiente, en una hoja de papel escribe sinceramente las respuestas a las siguientes siete preguntas. No, no se vale mentir o te regresaré al capítulo anterior.

1. ¿Por qué te molesta tu trabajo actual?

2. ¿Estás huyendo por alguna razón?

3. ¿Tienes alguna meta que te hayas propuesto?

4. ¿Qué habilidades posees?

5. ¿Qué es lo que te gusta hacer?

6. ¿Puedes capitalizar lo que te gusta hacer?

7. ¿Has pensado ya en otro trabajo?

Una de las primeras cosas que debes dejar en claro ante ti mismo es si estás huyendo o si tienes una meta que perseguir. Los pensamientos negativos hacia nuestros compañeros o nuestro lugar de trabajo pueden nublar nuestra intuición, así que medita tranquila y seriamente al respecto. Si ya estás decidido, entonces piensa que lo mejor es evitar pensar en el dinero mientras escoges algo que en verdad te haga feliz.

Las metas son algo importante en la vida, son el camino por el que nos movemos y de lo que nos alejamos cuando nos detenemos; puede que tengas una meta o varias. Para responder la tercera pregunta te recomiendo hacer dos listas, una para las metas profesionales y otra para las metas de vida. Si quieres ser un dibujante reconocido escríbelo en la primera lista. Si quieres que te publiquen también. Si te has propuesto comprar cierta casa o casarte antes de los treinta y cinco, escríbelo en la segunda lista. De esta manera tendrás físicamente un recordatorio de las cosas que quieres y te has propuesto realizar. No quiere decir que vayas a lograrlas todas o que no vayas descartando algunas por el camino, pero son un mapa de lo que quieres en la vida y es importante que lo observes con atención.

Otra lista que es necesario que realices es la de tus habilidades. ¿Eres bueno dibujando, escribiendo, programando, haciendo manualidades? Si es algo en lo que eres bueno es probable que lo hayas practicado mucho y te guste, ten en cuenta tus habilidades a la hora de elegir un empleo, recuerda la famosa frase de Confucio que reza: "Elige una profesión que ames y no tendrás que trabajar un sólo día de tu vida".

Tienes algo que realmente te guste, ¿cuáles son tus intereses generales? Esta es una buena pregunta, ya que si describes tus *hobbys*, algunos tendrán que ver con las habilidades que posees y otros no. Si puedes identificar un hilo conductor detrás de tus intereses, ahora te toca pensar si es posible sacar dinero de ello. Hay quienes dicen que todo puede capitalizarse y que si haces algo bien nunca lo hagas sin cobrar. Si repasas la frase de Confucio, esto es de lo que estaba hablando precisamente y, en plena era de la información, quizá deberías pensar seriamente si puedes invertir en ti de esta manera, si puedes hacerlo de inmediato o tienes que esperar y qué estás dispuesto a hacer por conseguirlo.

Finalmente, responde si ya has pensado en otro trabajo. Si es así anota los pros y los contras del mismo y, en una nota, si tiene que ver con tus habilidades o *hobbys*. Después guarda las respuestas un par de días, deja que se enfríen y vuelve a ellas con ojos frescos. Es en este momento en el que puedes agregar el dinero a tus pensamientos. Analiza lo que respondiste. Quizá tengas que posponer tu trabajo ideal mientras consigues algún patrocinio o mientras juntas lo suficiente para conseguirlo. Realiza una planeación tentativa y observa lo difícil o tardado que puede ser. Ahora sí, toma una decisión que valga la pena.

Dos ejemplos de ritual matutino

No quiero que los copies tal cual, pero podría servirte intentarlo hasta que veas qué tipo de ritual te acomoda mejor. Recuerda que la finalidad es que estés listo para enfrentarte a un nuevo día y que no todos somos iguales, así que date permiso de intentar, fallar y volver a intentar.

- Primer ejemplo

Como en cualquier ritual matutino, lo primero es **haber dormido bien** la noche anterior. Para lograrlo necesitas olvidarte de las bebidas que te den energía, no querrás desvelarte y despertar cansado y marchito. Deja el té, el café o los refrescos para después del mediodía, pero no los tomes después de las seis de la tarde si quieres tener un buen descanso. Intenta también que tus cenas sean ligeras, para que el trabajo de digestión no interfiera. Finalmente, es mejor irse a dormir al menos dos horas después de haber terminado todas las actividades, de esta forma estarás alejada de los problemas del trabajo y podrás relajarte.

Lo ideal es no usar un despertador, ya que nos sacan de nuestra ensoñación de golpe y provocan molestias que van de ligeras a enormes. Si eres de esa enorme parte de la población que depende del despertador para levantarse, intenta elegir uno con música o un sonido agradable, y no las viejas campanas o el *ring* del teléfono.

Una vez despierto, no te pongas de pie enseguida. Levanta los brazos y **estira tu cuerpo** con fuerza. **Abre lentamente los ojos** y reconoce el lugar. Empieza a pensar en las cosas que agradeces tener en esta mañana y guía tu monólogo interno hacia ese tema. Realiza algunos estiramientos y, lentamente, levántate de la cama. Si hay alguna ventana cercana y no hace mucho frío, acércate para **respirar el aire fresco** y después dirígete de nuevo a la cama, debes dejarla perfectamente arreglada para que no tengas nada pendiente desde tan temprano.

Si tienes un espejo completo, obsérvate en él y **da las gracias** al universo, a dios o a ti mismo por haber despertado y tener la oportunidad de un día más de aventura. Si no hay uno en el que te veas totalmente, el espejo del baño será suficiente.

Elimina las necesidades fisiológicas en el baño, llena un termo de agua y vístete para ejercitarte. Una buena **caminata** durante veinte minutos terminará por despertarte y alegrará tu día. **Sonríe** a todas las personas que observes a tu paso y **saluda** a quien te salude. Una vez de regreso, **toma un buen baño** y dirígete **a desayunar** algo con frutas, cereales y algún lácteo. Si además vives acompañado, desayuna en familia y trata de hacerlos reír, **una carcajada matutina** hace que todo inicie de buen modo.

- Segundo ejemplo

El primer paso vuelve a ser **dormir correctamente**, para ello las recomendaciones del primer ejemplo servirán bastante bien. En lo que cambia es que apenas ha sonado el despertador, la persona se levantará, rodará hacia la orilla de la cama y lentamente se pondrá en pie, sin necesidad de pedir esos cinco minutos más que tan bien conocemos. El propósito de **levantarse inmediatamente** es aprovechar el día desde el inicio. Tras ponerte en pie, **tiende la**

cama para que inicies tu día sin cosas pendientes.

Después de salir de tu habitación, ve a **tomar un gran vaso con agua**. Tu cuerpo se deshidrata de seis a ocho horas sin beber, así que tomar agua al despertar te ayudará a purificar tu sistema interno, oxigenar tu cuerpo y, desde luego, a rehidratarse. Mientras realizas estas acciones, dibuja una **sonrisa en tu rostro** y recuerda todos esos **momentos que te han hecho feliz**. Si tienes ganas de reír, hazlo.

Dirígete a donde vayas a realizar tus **ejercicios matutinos**, con veinte o treinta minutos será más que suficiente. Pueden ser aeróbicos o algunas posiciones de yoga, lo importante es movilizar nuestro cuerpo y generar endorfinas que nos alegren el día.

Una vez que termines, toma asiento en el suelo, en donde estés, dobla tus rodillas y **tranquiliza tu respiración**. Cuenta hasta cinco con cada exhalación y hasta cinco con cada inhalación. Toma unos minutos para **meditar sobre tu**

día. **Proyecta el futuro**, piensa en lo que harás y lograrás.

Finalmente, **toma un baño** y **un desayuno** consistente. Ahora estás listo y enfocado para iniciar tu día

Puedes darte cuenta con cada ejemplo, de que los mejores rituales matutinos, los que nos llevan a unas primeras horas del día positivas, son los que se planean con antelación. Todos tenemos hábitos que podemos llamar rituales a todas horas, pero, sin duda, estos son mejores que despertar y correr porque se te hace tarde, ah, y no desayunar por falta de tiempo. Piénsalo, no necesitas implementar exactamente lo mismo que se plantea, pero sí puedes tomar ciertas partes para mejorar tu día.

Algunas técnicas de meditación que te ayudarán a despejarte o enfocarte

Aunque existen muy diversos modos de meditar, aquí te mostraré algunas formas en que puedes empezar si es que nunca lo has hecho. Lo primero es saber que la meditación sirve para relajarte y conectarte con tu yo interno. Puede ser curativa, ya que se usa contra el miedo, la ansiedad o el estrés.

Un ejercicio de meditación es poner frente a ti una **cartulina** y unas **acuarelas**. El objetivo es que no quede ninguna parte en blanco de tu cartulina. No tienes que apresurarte ni hacer alguna figura en específico, simplemente ve dando pinceladas de color en donde quieras. Mientras haces esto, piensa en algo en específico. Puede ser en esos sentimientos que te han atrapado últimamente, o en un problema del trabajo que te ha costado solucionar. Elige solo una cosa y comienza a pensar al respecto.

Dialoga contigo mismo, siempre utilizando palabras positivas y propositivas. Eventualmente irrumpirá algún pensamiento negativo o simplemente que no tiene que ver con el tema que estás tratando. Obsérvalo, date cuenta de qué se trata y luego déjalo ir y continua con tu búsqueda de solución. Eventualmente te darás cuenta de que estás mecanizando el poner color a la cartulina, pero eso también te ayudará a seguir enfocado. Esta puede considerarse una forma algo superficial de meditación, pero, en realidad, es un muy buen ejercicio y muy relajante.

Una cosa que muchos dicen cuando te mandan a meditar es que dejes tu mente en blanco. Eso no es posible, nuestra mente está en constante movimiento, incluso sin que nos demos cuenta, la parte inconsciente es la que menos descansa. Lo que puedes hacer es centrarte en un solo tema para que tu mente consciente descanse de todos esos asuntos que la ocupan. Ahora sabes que si te pide dejar la mente en blanco, es que no sabe nada sobre meditar.

Un ejercicio más que será de mucha ayuda si apenas inicias en la meditación, es la **repetición de mantras o frases** cortas que te ayuden a despejar tu mente y enfocarte en algo más. Dale todo el trabajo al pensamiento inconsciente y céntrate en la repetición de una frase. Eventualmente el significado de las palabras desaparecerá porque te habrá saturado y tendrás que poner más atención al decirlas. Continúa. Hazlo desde una posición relajada con la espalda recta y en un lugar en el que estés solo. Al terminar podrás sentirte mucho más ligero y listo para lo que se presente.

Para realizar este ejercicio puedes crear tu propia frase o elegir una de las que dejo abajo. Recuerda, elige solo una y repítela hasta que termine tu momento de meditación. Si tu boca se reseca, sigue diciéndola mentalmente hasta que finalices la sesión.

Algunos mantras y frases para meditar:

1. Om

2. So ham

3. Om ha hum

4. Om tare tuttare

5. Yo soy y estoy

6. Querer no es necesitar

7. Valgo por mí mismo

8. Tengo tiempo suficiente

9. Lo voy a lograr

10. Avanzo a paso seguro

Epílogo

Has llegado al final del libro. ¿Cómo te sientes? ¿Ya has puesto en acción alguna de las recomendaciones dadas? ¿Te ha funcionado bien?

Este libro es un sube y baja de información que, si ya has concluido, puedes comprender que sirve para enmarcar los beneficios de un diálogo interno y, en general, de un tren de pensamiento positivo. En el primer capítulo nos encargamos de mostrarte la importancia de tener en cuenta al diálogo interno y como todo el tiempo lo utilizamos, incluso cuando no nos damos cuenta. El segundo capítulo no es una advertencia sino un intento de que comprendas que, aunque tu cerebro te ama y haría todo lo que fuera por mantenerte vivo y a salvo, también necesita ser educado.

En el tercer capítulo es donde entramos directamente en materia, aquí es donde puedes encontrar algunos métodos a seguir para alejarte al fin de la negatividad y beneficiarte de ello. El beneficio es claro y se contrasta con los capítulos cuatro y cinco, en donde se desglosan las consecuencias y problemas que derivan de la negatividad, tanto psicológicos como físicos y sociales. No es de extrañar que en ambos capítulos se termine hablando sobre estar atrapados en el miedo.

El siguiente capítulo, seis, es único, ya que habla de los beneficios que puedes obtener al decidirte a utilizar un diálogo interno positivo. Este es el capítulo que te enseña cuántas cosas cambiarán en tu vida y por qué. No necesitas de muchas palabras para entenderlo, máxime cuando ya hemos observado todos los problemas que nos ocasiona la negatividad y de los que, lógicamente, nos libraremos, pero siempre es bueno tener por escrito y frente a ti, todas las cosas buenas que te pueden ocurrir, además de que se ofrece una amplia descripción de cómo entrenar tu pensamiento positivo. El séptimo capítulo es un agregado del anterior. Si a nuestra búsqueda de la positividad agregamos la honestidad, nos sentiremos libres y la felicidad será más sencilla de alcanzar.

El último capítulo, que quizá es el que tienes más fresco, cierra nuestra búsqueda de la positividad con diversos consejos que te ayudarán en su consecución. La mejor forma de cambiar tu vida es ponerlos en práctica y, eventualmente, encontrar cuáles son los que mejor te sirven para tus propósitos. Si necesitas regresar a algún tema en particular, puedes utilizar el práctico índice al inicio del libro o un índice de conceptos que aparece al final y que puede refrescar el recuerdo de aquello que estás buscando.

Crea tu propio método

Finalmente, antes de que cierres el libro, déjame pedirte que subrayes las partes que más te llamaron la atención de él. Vuelve a los capítulos anteriores y anota las cosas que te parecieron más útiles. Después, ponlas en práctica y revisa cuáles te hacen sentir incómodo y cuáles podrían ser importantes para tu nuevo estilo de vida.

Finalmente, regresa a estas líneas y lee lo siguiente:

La vida está llena de métodos con nombres importantes cuyos seguidores alaban como si fueran los únicos o los mejores, pero, como ya lo explicamos, somos sujetos e individuos, lo que quiere decir que vivimos en una subjetividad que es (individual) diferente para cada uno, por tanto, lo que a uno le ha funcionado puede que no le funcione a otros más. A veces depende más de nuestro objetivo, nuestro enfoque, nuestra experiencia e incluso nuestro conocimiento de mundo, por lo que no está de más hacer un ejercicio con el que puedas crear tu propio método. No necesitas casarte con él, recuerda que el ser humano ha evolucionado a prueba y error, es simplemente una idea para comenzar tu cambio.

Revisa los métodos del capítulo tres y escoge los pasos que crees más importantes.

Dales forma, anota en una lista cuáles son los pasos que se deben llevar a cabo primero y cuáles después.

Agrega a la lista las recomendaciones algunos pasos a seguir para que la honestidad forme parte del método.

Revisa los capítulos seis y ocho y escribe todas las recomendaciones que creas que valen la pena y se acomodan a tu día a día.

Ahora vuelve a tus notas y reescribe el método, agregando todas las recomendaciones. Intenta ordenarlo separando los pasos en dos listas, una de cosas para trabajar a diario y otra de cosas para ir desarrollando poco a poco.

Eventualmente, ve tachando de la lista lo que no te funcione y, según tus experiencias, agrega nuevos pasos. Poco a poco crearás un método amoldado a ti y que funcionará acorde a tu nueva mejor forma de vida.

Índice de conceptos

- **Ansiedad** (Capítulo cinco)

Es una respuesta fisiológica del sistema nervioso autónomo que se puede manifestar de distintas maneras. Es adaptativa, por lo cual nos ayuda a tener un mejor rendimiento según la situación en la que nos encontremos. Normalmente los síntomas son leves y desaparecen después de un rato, si no es así y los síntomas permanecen mucho tiempo o se agudizan, puede haber una descompensación que lleve a un trastorno de ansiedad y, por lo tanto, a requerir de atención experta.

- **Autoconocimiento y autoreconocimiento** (Capítulo tres)

El autoreconocimiento es saber reconocerse en tu aquí y tu ahora, es decir, entender en dónde estás parado. El autoconocimiento nos lleva a saber quiénes somos y qué queremos. Ambas ideas se combinan para ayudarnos a ser realistas, tener los pies en el suelo, la mente activa, una mayor comprensión de nuestra persona, saber entendernos y deducir lo mejor para nosotros mismos.

- **Dialéctica** (Capítulo uno)

En un diálogo, la dialéctica es una técnica que se utiliza para obtener la verdad mediante la confrontación de diversos argumentos que se contradicen y de los cuales surge una síntesis, es decir, una idea enriquecida por esos argumentos opuestos. También se le conoce como el arte de persuadir, debatir y razonar ideas diferentes.

- **Diálogo interno** (Capítulo uno)

Es la plática que se da entre dos voces en nuestra cabeza, suele ser con palabras, pero a veces aparecen imágenes o ideas abstractas y, además de mostrar por donde va nuestro tren de pensamiento y si es positivo o negativo, influye fuertemente en la toma de decisiones. Suele utilizarse para depurar una idea o buscar soluciones a nuestros problemas cotidianos.

- **Diálogo negativo** (Capítulo cuatro)

Se trata de la forma de hablar que tienen muchas personas, en las que una intencionalidad negativa (amenaza, regaño, chantaje, etc.) puede moldear las palabras dichas en la mente de otra persona, que tomará en serio las palabras e incluso podría asimilarlas para hacerlas parte de su personalidad.

- **Disonancia cognitiva** (Capítulo siete)

Es la sensación de malestar o incomodidad que tenemos cuando, teniendo una idea predeterminada, nos topamos con otra que tiene la misma lógica y credibilidad, pero que se contradice o entra en conflicto con la anterior.

- **Disparadores emocionales** (Capítulos tres y siete)

Se trata de un mensaje o factor externo que no pasa por los filtros de la razón, sino que llega directamente a la emoción y activa una respuesta sobre la que normalmente no tenemos control. Al no utilizar la lógica antes de actuar, puede dejar una sensación de vergüenza o culpa.

- **Distancia emocional** (Capítulo tres)

Sucede cuando una persona esconde sus sentimientos o emociones y, a la vez, se aleja de las emociones de otros. Cuando ocurre inconscientemente puede ser un problema para la interacción interpersonal del ser humano, sin embargo, en el libro se propone como una forma de separarse de la gente negativa.

- **Distorsión cognitiva** (Capítulo cuatro)

Se trata de un error en el procesamiento de la información dentro del cerebro, lo que conduce a un fallo de lógica en el pensamiento. Las distorsiones cognitivas suelen predominar como ejemplos de pensamiento negativo y producen una fuerte perturbación emocional.

- **Estrés** (Capítulo cinco)

Es la respuesta fisiológica que tenemos al percibir un peligro, es decir, la primera reacción del miedo. El estrés permite que el cerebro genere una cantidad masiva de químicos que incrementan la capacidad del cuerpo para soportar una actividad muy intensa, ya sea una lucha, cacería o huida. Es un remanente de las primeras épocas históricas y puede ser peligroso si no encuentra un desfogue.

- **Felicidad** (Capítulo siete)

Sentimiento pasajero de completo bienestar y satisfacción.

- **Fracaso** (Capítulos tres, cuatro y siete)

Es el fallo o error cometido en la búsqueda de una meta. Se trata de algo muy común en cualquier disciplina humana, aunque es cierto que hay diversas magnitudes de fracaso y algunos pueden ser muy dolorosos. El fracaso, antropológicamente, es una forma de aprender de los errores y volver a intentar. El famoso escritor Samuel Beckett tiene una frase que lo resume: "Lo intentaste. Fracasaste. Da igual. Prueba otra vez. Fracasa otra vez. Fracasa mejor".

- **Gente negativa** (Capítulo tres)

Se trata de personas a tu alrededor que suelen quejarse o hacer críticas incómodas que vienen desde sentimientos muy negativos como la envidia, la baja autoestima, la poca tolerancia o el resentimiento.

- **Honestidad** (Capítulo siete)

Se trata de una virtud humana que conjunta el amor a la justicia y el amor a la verdad, además de que se equipara con la honradez y la decencia. De las personas honradas se espera justicia, amabilidad y verdad.

- **Inquietud** (Capítulo cinco)

Falta de tranquilidad, desasosiego o agitación que impide a la persona relajarse o enfocarse.

- **Meditación** (Capítulo ocho)

Se trata de un ejercicio para entrenar la mente, ya sea para encontrar la paz interior o para conseguir algún beneficio específico. La meditación puede ser un instrumento para alcanzar algo o un fin en sí misma.

- **Miedo** (Capítulos cuatro y cinco)

Reacción ante una amenaza real o imaginaria, se caracteriza por una sensación desagradable y un estado de tensión muy fuerte que puede tener dos respuestas, una movilidad violenta o una estaticidad total.

- **Negatividad** (Capítulo tres)

Se refiere al antivalor que no nos deja ser parte integral y proactiva de una sociedad, ya que se sostiene en el miedo, la frustración, la indecisión y la inmovilidad general. La negatividad suele conformar un comportamiento que los demás repiten, es decir, es contagiosa.

- **Pensamiento crítico** (Capítulo cuatro)

Capacidad del ser humano de observar, identificar, analizar, evaluar e interpretar todo lo que lo rodea. Promueve que los problemas sean formulados con claridad y simpleza para su mejor comprensión y un análisis eficiente. Además, apoya la toma de decisiones, la creatividad, la empatía y la autocrítica.

- **Perfeccionismo** (Capítulos uno, tres, cuatro y cinco)

Se trata de la creencia o convicción de que se puede y es necesario alcanzar la perfección en lo que se realiza, a la vez que cualquier cosa hecha por debajo de ese ideal es basura inaceptable. Los perfeccionistas ven al mundo en blanco y negro y no toman en cuenta todos los matices que existen entre uno y otro.

- **Preocupación** (Capítulo cinco)

Acción de preocuparse, directamente genera cierta inquietud o ansiedad, además, suele producir una cantidad de angustia que puede ir de moderada a excesiva.

- **Procrastinación** (Capítulo cinco)

Cuando voluntariamente se retrasa una tarea o asignación y se cumplen otras secundarias, excusas de por medio. No forma parte de un autoengaño porque en realidad el procrastinador sabe que debería estar haciendo otra cosa, aun así, la evade y se excusa.

- **Toma de decisiones** (Capítulo uno)

Es el proceso fundamental mediante el cual se elige entre distintas opciones para resolver o avanzar en una situación o problema dado. El proceso se realiza varias veces durante el día y la elección no siempre es sencilla. Este proceso entra en acción de diversas maneras, dependiendo de las situaciones únicas por las que pasa cada individuo, su personalidad y su desarrollo psíquico.

- **Verificación de la realidad** (Capítulo tres)

Es un ejercicio en el que, mediante la comprobación lúdica de que estamos en la realidad tangible, nos observamos y descubrimos cosas de nosotros mismos. Se realiza colocando una alarma cada dos o tres horas durante el día para verificar que se está en la realidad en cuerpo, mente y percepción.